KB236861

기업 내부 커뮤니케이션

사내 커뮤니케이션의 구조 · 기능 · 개선책

기업 내부 커뮤니케이션

사내 커뮤니케이션의 구조 · 기능 · 개선책

필립 마이어 著
진정근 譯

도서출판 역락

© 2002 Orell Füssli Verlag AG
www.ofv.ch
Alle Rechte vorbehhalten

Umschlaggestaltung: cosmic Werbeagentur, Bern
Umschlagabbildung: David Oliver(Stone)
Druck: fgb · freiburger graphische betriebe
Printed in Germany
ISBN 3-280-02693-8

Die Deutsche Bibliothek — CIP — Einheitsaufnahme

Meier, Philip:
Interne Kommunikation im Unternehmen:
Von der Hauszeitung bis zum Intranet/ Philip Meier: Orell Füssli, 2002
Zugl.: Zürich, Univ., Diss., 2000
ISBN 3-280-02693-8

기업 활동은 내부 커뮤니케이션 없이는 생각할 수가 없다. 기업 내부의 다양한 활동을 공동의 목표로 이끌기 위해서는 상당한 양의 정보와 커뮤니케이션이 동원되어야 한다. 하지만 이러한 인식이 광범위하게 정착되었음에도 실제에 있어서는 내부 커뮤니케이션의 개선을 위한 구체적인 노력이 부족하다. 또한 지금까지 대기업의 내부 커뮤니케이션 현황을 밝혀주는 전형적이고 학문적으로 기초가 다져진 연구도 없는 형편이다.

이러한 부족함을 채우기 위해 필자는 이 책을 펴내기로 결심했다.

이 책은 필자의 2000년 박사학위논문에 근거하고 있으며 최신 이론 외에도 내부 커뮤니케이션의 구성과 언어에 대한 전형적인 연구 결과를 담고 있다. 정보의 전달 그리고 경영진과 직원간의 대화가 어떻게 이루어지고, 어떤 책임 부서가 어떤 매체로 어떤 임무를 맡는가를 이 책은 보여준다. 이 책은 특히 기업의 구체적인 언어적 산출물을 비판적으로 검토하고 있다. 조직 차원과 언어 차원에서의 긴박한 행동의 필요성과 다양한 개선책을 제시하고 있다.

이 책이 완성되는데 도움을 준 분들에게 이 자리를 빌어 감사의 말씀을 드린다. 하랄드 부르거 교수, 울라 클라인베르거 귄터 교수, 출판사의 만프레드 히프너 혹 박사 등 많은 분들께 감사 드린다.

특히 부모님을 위시한 많은 분들이 개인적으로나 직장에서 늘 보살펴 주시고 격려해 주신 것에 감사 드린다.

2001년 11월 취리히

필립 마이어

　　기업커뮤니케이션은 최근에 특히 독일어권이나 영어권에서 연구가 활발하게 진행되고 있으며 연구 결과도 많이 나오고 있는 분야이다. 그렇지만 아직 확고한 독립적인 분과로 자리잡지 못하고 있는 것으로 보인다. 기업커뮤니케이션은 어느 한 학문 분야가 독점할 수 있는 것이 아니라 경영학, 커뮤니케이션학(언론학 혹은 신문방송학 등), 심리학, 사회학, 언어학 등 여러 분야가 협력하여 학제적으로 연구되어야 하는 분야이다. 기업 커뮤니케이션은 일반적으로 기업 외부커뮤니케이션과 기업 내부커뮤니케이션(혹은 사내커뮤니케이션)으로 구분될 수 있는데 여기에 옮긴 책은 기업의 내부커뮤니케이션을 대상으로 하고 있다. 이 분야는 현재 많은 연구자들이 관심을 갖고 있는 것으로 보이나 우리에게는 이렇다할 개론서나 전문서가 부족한 실정이다. 이 책은 저자가 스위스 취리히대학에 박사학위 논문으로 제출한 것이다. 역자는 이 책의 번역으로 기업 내부커뮤니케이션에 대한 우리의 부족함을 어느 정도 메울 수 있을 것이며 앞으로 우리 나름대로의 이론을 정립하는데 하나의 징검다리 역할은 할 수 있으리라 생각한다.

　　언어학은 소쉬르(F. de Saussure) 이후로 눈부신 발전을 거듭해 왔다. 언어의 구조적인 면에 주로 관심을 기울여 왔던 언어학은 화용론의 전개에 힘입어 언어의 의사소통상의 기능 측면에도 연구의 영역을 확대하였다. 그리고 이제는 이러한 언어학의 연구 성과를 바탕으로 하여 경제, 사회, 미디어, 행정, 보건, 학교 등의 여러 제도 내적 커뮤니케이션 혹은 조직커뮤니케이션에 언어학이 본격적으로 기여할 때이다.

　　기업은 우리 삶에서 떼어놓고 생각할 수 없는 중요한 사회 조직 가운데 하나이다. 그런데 그 중요성에 비해 언어학에서는 그동안 기업에 대한 연구가 너무나 미진했다. 최근에는 기업에 관련된 언어학적 연구 결과가 여기저기 서서히 나타나고 있는 것으로 알고 있으나 연구의 저변 확대를 위해서는 더 많은 연구자가 참여하여야 할 것이다. 그리고 기업 커뮤니케이션에 대한 언어학적 연구가 언어학 내부에서만 운영되는 것이 아니라 실제로 기업에 도움이 되는 방향으로도 나아가야 한다. 그러기 위해서는 언어적인 차원뿐만 아니라 기업의 다른 여러 활동도 잘 알고 있어야 할 것이다.

　　현재 우리 기업에서는 CCO(Chief Communication Officer)를 비롯한 커뮤니케이션 관련 직책이 한정되어 있지만 앞으로는 다양한 지식을 갖춘 언어 전문가에 대한 요구가 증가할 것이다. 또한 기업뿐만 아니라 사회의 각 조직에서도 앞으로는 커뮤니케이션 전문가에 의한 커뮤니케이션 매니지먼트가 활성화될 전망이다. 이에 대비하고 부응하기 위하여 언어학에서는 관련 연구를 진행시키면서 구체적인 각종 교육 프로그램을 개발해야 될 것이다.

　　끝으로 어려운 여건에도 이 책의 출간을 맡아주신 이대현 사장님과 편집을 맡아준 이은희씨를 비롯한 편집진께도 감사드린다.

2003년 4월
진정근

INHALT
차례

새 천년에 접어들면서 기업들은 경제와 사회 분야에서의 역동적 변화에 직면하고 있다. 한편으로는 시장의 세계화와 증가하는 경쟁의 압력과 신기술이 민첩하고 유연한 기업의 행동을 요구하고 있다. 또 다른 한편으로는 자율과 참여와 자아실현과 같은 사회적 변화가 기업에 강력한 영향을 주고 있다. 이러한 변화들은 기업들로 하여금 고객, 주주, 대중매체, 이익집단, 사원들과의 언어적 교환 과정의 형성을 비판적으로 검토하고 변화하는 조건들에 적응하도록 강요하고 있다. 언어와 커뮤니케이션은 직업 행동에서 더욱더 중요성이 더해가고 있다.

이러한 인식은 학문과 실제에서 이미 정착되었고, 기업 내부 커뮤니케이션은 오래 전부터 여러 연구 방향들의 연구 대상이 되어 있다. 경영학자, 사회학자, 심리학자, 언론학자, 정보학자들이 기업 내부커뮤니케이션의 다양한 측면들을 다루고 있으며 다수의 저서들을 출간하고 있다. 또한 언어학도 기업에서의 언어 현상들을 더욱 많이 다루고 있음을 확인할 수 있는데 언어 훈련(대화 훈련과 텍스트작성 훈련), 기술 서류(사용자 안내서 등), 문화간 커뮤니케이션(문화적 언어 장해 극복의 지원) 등이 주요 테마이다.

하지만 지금까지 기업 내부 커뮤니케이션을 전체적으로 말하자면 경영학의 입장과 언어적 입장을 동시에 고려하면서 연구하고 기술한 연구물이 없었다. 이 책은 이러한 부족함을 메우고자 한다. 이 책은 기업 내부커뮤니케이션을 조직적 측면은 물론 언어적 측면에서도 기술한다.

내부 커뮤니케이션에 대한 서술은 실제 중심적이고 해결 중심적이다. 이는 커뮤니케이션 책임자와의 개인적인 대화와 문헌에서 얻은 많은 수의 구체적 예에서 도출된 것이다. 커뮤니케이션 책임자들이 수용하고 실천할 수 있는 구체적인 해결책과 개선책들이 중요한 위치와 가치를 차지한다.

내부 커뮤니케이션에 대한 서술은 특히 통합적이고 전체적으로 이루어진다. 몇 가지 선별된 측면들이 본보기로 서술될 뿐만 아니라 현재의 지식 상태를 기초로 해서 기업 내부 커뮤니케이션에 대한 포괄적인 개관도 제공된다. 심화 연구는 개별적 주요 테마에서만 이루어질 수 있다.

이 책의 첫 번째 부분에서는 연구 영역이 이론적으로 정초 되고 개념적으로 규정된다. 내부 커뮤니케이션의 특질과 의미를 서술한 후에 과제와 책임 그리고 내부적 매체를 다루게 된다. 계속해서 내부 커뮤니케이션의 저해요소와 예외 상황에서의 추가적 과제가 설명된다.

두 번째 부분에서는 내부 커뮤니케이션의 조직을 담당하는 대기업의 커뮤니케이션 책임자와의 전화 인터뷰 결과가 소개된다. 내부 커뮤니케이션 언어에 관한 사보에서의 사설의 텍스트언어학적 분석의 결과도 제시된다. 이 두 부분의 연구 결과를 상호 연관성 속에서 관찰하고, 이론적 인식에 비추어 보고 다른 연구성과와도 대조해 본다.

마지막으로 세 번째 부분에서는 내부 커뮤니케이션에 대한 여러 가지 개선책이 자세하게 다루어진다. 조직적인 면과 언어적인 면에서의 개선책들이 소개되는데 특히 대기업의 전사적(全社的) 차원에서의 내부커뮤니케이션 개선책에 관한 컨셉이 제시된다.

이 책의 연구 결과는 내부 커뮤니케이션 분야에서 많은 행동이 필

요하다는 것을 분명히 하고 있다. 내부 커뮤니케이션은 실제로 이루어지는 것보다 훨씬 더 긍정적인 평가가 나오고 있으며 내부 커뮤니케이션은 현재까지 전략적인 경쟁요소로서 거의 사용되고 있지 않다.

내부 커뮤니케이션이란 무엇인가?

여기서는 대기업의 내부 커뮤니케이션에 대한 최신의 인식 현황을 서술한다. 내부 커뮤니케이션의 특수성을 다루고 내부 커뮤니케이션의 중요성에 대한 개괄, 과제, 책임, 매체에 대해 서술한다. 특히 어디에서 장해가 나타날 수가 있고, 예외 상황에서의 내부 커뮤니케이션이 어떤 추가적 임무를 담당해야 하는지가 밝혀질 것이다. 오해와 잘못된 해석을 방지하기 위해 이 책에서 사용된 중심적인 개념들이 우선 설명될 것이다.

기업 커뮤니케이션

경영학과 커뮤니케이션학 문헌에서 기업 커뮤니케이션이라는 개념은 자주 사용되는데도 대부분 이에 대한 분명한 정의가 없거나, "기업의 커뮤니케이션"이라는 의미로 정확하지 않고 표면적이고 일상어적으로 사용

되고 있다. 따라서 이 책에서 그 개념은 분명하게 요약되어 다음과 같이 정의된다 :

기업 커뮤니케이션은 기업과 기업의 성과를 관련 목표 그룹에 설명하기 위해 사용되는 기업의 커뮤니케이션 도구들과 대책들의 총합을 말한다.

기업 커뮤니케이션은 내부 커뮤니케이션뿐만 아니라 외부 커뮤니케이션의 다양한 커뮤니케이션 도구들을 포함한다(고전적인 광고, PR, 판매 촉진, 직접 마케팅, 이벤트 커뮤니케이션, 전람회 커뮤니케이션, 스폰서링). 내부 커뮤니케이션과 외부 커뮤니케이션은 하나의 기업 분야로 종합되고 공동의 지도부 아래에 소속되어야 한다(아래 표 참조).

<table>
<tr><td colspan="8" align="center">기업 커뮤니케이션</td></tr>
</table>

기업 커뮤니케이션							
내부 커뮤니케이션	외부 커뮤니케이션						
	PR	고전적 광고	판매 촉진	직접 마케팅	이벤트 커뮤니케이션	박람회 커뮤니케이션	스폰서링
직원 잡지, 행사 등	홍보 로비 등	TV-Spot 신문 광고 플래카드 등	프로모션 POS (point of sale) 등	직접 메일링 인터넷 등	프로그램 작성 초대 등	박람회 설치 초대 등	문화와 스포츠 스폰서링 등

몇 년 전에 이러한 도구들의 단순한 병존이 아니라 완벽한 상호작용이 기업의 커뮤니케이션 성공을 규정한다는 것을 인식했다. 다양한 개별 부분들이 하나의 전체로 결합되어서 통합된 기업 커뮤니케이션이 만

들어져야 한다.

통합 기업 커뮤니케이션 또는 통합 커뮤니케이션은 기획과 조직 과
정을 의미하는데 이는 내부 커뮤니케이션과 외부 커뮤니케이션의 상이한
대책들에서 하나의 통일체를 만들어 내는 작업에 그 목표가 있다. 통합
커뮤니케이션은 여러 가지 도구들을 확대된 과제에서 더 잘 조절할 수
있기 위해서 그리고 이를 통해 통일적인 기업상(像)을 조성하기 위해서
여러 도구들을 하나의 전략적인 지도부 아래 총괄한다. 조직상의 통합과
커뮤니케이션 도구들의 내용적, 형식적, 시간적인 통합에 의해 시너지
효과를 볼 수 있으며 병존 커뮤니케이션에 의해 생겨나는 마찰 손실을
피할 수 있다.

내부 커뮤니케이션

이론적으로는 기업에서의 커뮤니케이션 구조와 과정을 지칭하는데
여러 가지 다양한 개념들이 존재한다. 예컨대 경영 커뮤니케이션, 조직
커뮤니케이션, 직원 커뮤니케이션, 기업내부 커뮤니케이션, 내부 커뮤니
케이션, 기업내부 홍보활동, 내부 관계, 내부 마케팅 등이 있다. 이 책에
서 내부 커뮤니케이션은 다음과 같이 정의된다:

> 내부 커뮤니케이션은 분명하게 정의되고, 규칙적 혹은 필요에
> 따라 사용되고 조절되는 매체를 수단으로 정보의 전달과 기업
> 경영진과 직원간의 대화를 확보하는 기업 커뮤니케이션의 하나
> 의 도구이다.

내부 커뮤니케이션은 기업 커뮤니케이션의 도구로서 기업 커뮤니케
이션의 상위 목표를 인식하고 외부 커뮤니케이션의 도구들과 조율되어야

한다. 내부 커뮤니케이션의 실행은 정보의 전달과 경영진과 직원들간의 대화를 확보하는데 이용되는 내부 매체의 사용에 의해 이루어진다. 이때 정보란 새로운 것을 전달하고, 지식을 축적시키고, 무지나 불확실성을 제거하고, 학습과 즉각적인 혹은 차후의 지속적인 행동의 변화를 일으키는 뉴스로 이해된다. 정보는 목적 지향적 지식이라 할 수 있다. 대화는 주고받는 말이나 2인 대화의 좁은 의미에서가 아니라, 넓은 의미에서 주제나 상황적으로 일정하고 파트너 중심적인 발화의 교환으로 이해된다. 최소한 2명 혹은 집단은 경험과 지식과 능력에서의 차이를 해소하려는 목표를 갖고 있다. 질문과 답변은 대화의 출발점이다.

내부 커뮤니케이션의 목표 그룹은 전 계층의 전·현직 직원들이다. 이에 비해 외부 커뮤니케이션은 고전적인 광고, PR, 판매 촉진, 직접 마케팅, 이벤트 마케팅, 전람회 커뮤니케이션, 스폰서링 등의 커뮤니케이션 도구들을 동원하여 외부의 목표 그룹(이에는 주주와 언론도 포함됨)에 접근하는 것이다.

이 책에서는 내부 커뮤니케이션을 정보의 획득과 전달에서 그리고 직원 사이의 대화에서 출현하는 임직원들의 개별적인 전략의 총합으로 이해하지는 않는다. 여기에서는 누가, 얼마나 자주, 누구와 공식적으로 혹은 비공식적으로 의사소통을 하는가 그리고 필수적인 정보를 주관적으로 어디에서 얻는가는 관심이 없다. 메시지의 제도화되고 중재된 전달이 고찰의 중심이고 경영 과정, 기업의 목표 설정, 회사 전체에 해당되는 의사 결정, 업계에 특수한 경제적 동향, 사회 정책적 맥락 등에 관한 경영진과 직원간의 파트너 중심적 발화 교환이 고찰의 중심이 된다.

내부 커뮤니케이션의 조직과 언어

내부 커뮤니케이션은 조직의 차원과 언어적 차원에서 고찰되고 기

술될 수 있다. 조직은 일반 경영학에서 한 기업의 임직원들의 목표 지향적 행위를 확보하는 전 규정을 말한다. 이때 기업의 구조 조직과 과정 조직으로 구분된다. 구조 조직의 요소들은 충족되어야 할 과제와 책임 부서와 투입될 물적 자원이다. 구조 조직의 목적은 개별 과제들을 해당 부서에 부여하고 부서들을 연계시키는 것이다.

과정 조직은 구조 조직의 관점을 공간, 시간, 양의 차원으로 확대하고 어디에서, 언제, 얼마나 자주 조직 구조의 요소들이 투입되는지를 규정한다. 과정 조직의 대상은 업무 과정과 커뮤니케이션 과정의 시간적, 공간적, 양적 흐름을 구성하는 것이다. 따라서 내부 커뮤니케이션의 조직은 과제, 책임, 투입된 매체 그리고 이들의 상호간의 관계로 이해된다.

또한 내부 커뮤니케이션은 언어적 차원에서도 고찰될 수 있다. 이때 문어적 발화나 문자적 발화로써 일정한 방식으로 상대방에 영향을 주려고 시도된다는 인식이 중요하다. 자동적으로 진행되는 행동(숨쉬기, 하품하기 등등)과는 달리 언어적 행위는 목표 지향적 행위 즉 의도적 행위이다. 언어 행위는 특히 관습적으로 이루어진다. 언어 행위는 말하자면 언어공동체 안에서 개별적인 언어 참여자들이 사회화 과정에서 습득한 규칙들에 의해 이루어지는 것이다. 바로 이러한 관습적으로 통용되는 규칙과 조건에 근거해서 문어적 혹은 문자적 발화의 수신자는 발신자에 의해 추구되는 이해 방식(주장, 질문, 명령 등등)을 찾아낼 수 있다. 언어 행위(화행)의 형식은 J. L. 오스틴과 J. R. 써얼에 의해 만들어진 화행론에서 기술된다.

내부 커뮤니케이션의 특수성

내부 커뮤니케이션은 일상적 커뮤니케이션과 비교해서 기업의 조직에 근거를 두고 있는 많은 요인들에 의해 영향을 받는다. 내부 커뮤니케이션 과정의 상당한 부분들이 형식적으로 규정되어 있고 지속적이며 사람에 좌우되어 규정되어 있다. 이 점은 반복적인 업무 과정에서 생겨나는 것이며 시점, 인적 범위, 커뮤니케이션 방향 그리고 내용과 관련하여 분명하게 정의되어 있고 제시되어 있다. 사적 커뮤니케이션과는 달리 기업에서는 커뮤니케이션 파트너를 고르는 점에서 선택의 자유가 제한되어 있다. 사적으로 피하고 싶은 특정한 사람과도 접촉해야만 하는 경우도 있다. 일상적 커뮤니케이션과 가장 중요한 차이는 커뮤니케이션 파트너의 계층적 위치와 전문어이다.

계층적 위치

상이한 계층적 위치에 근거하여 커뮤니케이션 참여자 가운데 상급자는 주도적 혹은 상위 위치를 점유할 수 있으며 하급 직원은 하위 위치를 점할 수밖에 없다.

이때 상급자는 커뮤니케이션을 조절하기 위한 다양한 가능성을 가지고 있다. 상사는 직원들에게 중요한 정보를 알려 주지 않을 수 있으며, 정보를 왜곡할 수도 있으며, 직원들에게 정보를 과잉 제공할 수도 있다. 실제로 많은 간부 직원들은 아직도 정보를 권력 수단으로 간주하고 있으며 이에 걸맞게 사용하고 있다는 것이 드러나고 있다. 상사들은 정보의 제공을 아직도 상당 부분 전략적이고 조작적으로 이용하고 있다.

서열이 높은 상급자는 일반적으로 장소와 시간과 대화에 참여할 사람을 정할 수 있으며, 서열이 아래인 사람을 기다리게 할 수 있거나 대화를 갑작스럽게 취소할 수가 있다.

또한 대화 도중에도 상급자는 더 많은 영향력을 행사할 수 있다. 이들은 일반적으로 말하는 순서를 정하기도 하고, 더 많은 말을 할 수도

있으며 자신의 말을 더욱 강하게 강조할 수도 있다. 이들은 또한 자신들이 옳다고 생각하면 손쉽게 회의를 끝낼 수도 있다. 이러한 메카니즘은 상사와 부하 직원 사이의 모든 커뮤니케이션 상황에서 작용하고, 많은 그룹 대화에서처럼 원만한 대화를 추구하는 곳에서도 작용한다.

이러한 상하 관계에 있는 직원간의 종속 관계 외에도 서열이 같은 사람 사이에도 종속관계가 등장한다. 좋은 관계를 유지하기 위해 노력하는 중에도 기업 내에서는 커뮤니케이션에 영향을 주지 않을 수 없는 상호간의 책무와 종속 관계의 망이 형성된다. 왜냐하면 이익의 관철을 위해서는 대부분 다른 사람의 협력이 필요하기 때문이다. 따라서 커뮤니케이션 참가자들은 이러한 관계를 위태롭게 하지 않기 위해 특히 잠재적으로 갈등의 소지가 있는 주제에 있어서는 흔히 언어적 다의성이라는 수단을 동원한다. 이때에는 서로 다른 의견과 생각들이 나란히 자리를 잡도록 그렇게 의식적으로 발언을 한다. 이러한 불확실성 혹은 부정확성은 한편으로는 말에 대한 서로 다른 해석에 대한 공간을 마련해 주고 동시에 합의의 환상을 유지시켜 준다.

전문어

내부 커뮤니케이션의 또 하나의 특질은 더욱 정확하고 신속한 소통에 이용되며 명확성과 표준화와 형식화가 특징을 이루고 있는 전문어이다. 전문어 연구에서는 오랫동안 전문 용어와 전문 텍스트의 특징에 연구를 집중시켰다. 전문어는 단순히 한 전문 분야에 퍼져 있는 용어에 의해서만 특색을 이루는 것이 아니라, 전문 인력들의 언어적 행위는 직업상 활동의 특성, 프로페셔널로서의 행위에 의해 결정된다는 점을 80년대 초에 인식하게 됐다. 전문 지식을 언어 지식과 연결하고 결합하는 것에 의해 비로소 전문(분야) 커뮤니케이션이 발생한다. 전문 커뮤니케이션은

세 가지 형태로 구분된다:

- 같은 분야에 종사하는 전문가 사이의 커뮤니케이션
- 서로 다른 분야에 종사하는 전문가 사이의 커뮤니케이션
- 전문가와 비전문가 사이의 커뮤니케이션

이 세 형태 가운데 같은 분야의 전문가 사이의 커뮤니케이션이 연구에서 늘 전문어 커뮤니케이션의 전형적인 경우로 간주된다. 업무 활동의 계획과 조정을 위한 근무 협의나 업무 대화가 여기에 속한다.

상이한 분야의 전문가들 사이의 커뮤니케이션에서 다루는 주제는 전문 분야와 관련이 있지만 공통의 전문 지식을 사용할 수도 없으며 공통되는 전문 용어를 사용할 수도 없다. 이를테면 여러 분야의 대표자들이 모이는 단상 토론, 여러 분야의 협동적 업무 대화, 근로자 협의회에서의 전문가 의견 청취가 있다.

세 번째 유형인 전문가와 비전문가 사이의 커뮤니케이션은 두 번째 형태처럼 커뮤니케이션 참여자들의 관계가 불균형을 이루는 것이 특징이다: 한 사람은 전문가 지위를 갖고 있고 다른 사람은 그렇지 못하다. 여기에는 예컨대 전문가 설문조사, 강연, 비전문가 대상의 제품 소개회가 속한다. 전문가가 전문 용어 사용을 자제하고, 일상어로 풀어쓰거나 설명하여 보충하여도 이러한 상황에서는 많은 커뮤니케이션 갈등이 발생할 수 있다. 양쪽 그룹이 각각의 전문 능력을 보유하고 있지 않아서 뿐만 아니라, 양측이 메시지의 전달을 위한 언어적 코드를 공유하고 있지 않기 때문에도 갈등이 생긴다.

전문 커뮤니케이션은 전체적으로 보아 신속하고 정확한 커뮤니케이션에 도움이 되지만 일련의 갈등 가능성도 배태하고 있다. 이는 반드시 인식되어야 하고, 내부 커뮤니케이션의 대책을 통해 축소되어야 한다.

내부 커뮤니케이션의 중요성

기업의 내부 커뮤니케이션은 문헌에서뿐만 아니라 실제에서도 큰 의미가 부여되고 있다. 내부 커뮤니케이션은 핵심 능력 즉 모든 기업의 기능 발휘를 위한 기본 전제와 생명선으로 간주된다. 그래서 예를 들어 독일 자동차 기업 아우디(AUDI)의 간부들 40명 가운데 29명은 내부 커뮤니케이션을 매우 가치 있으며 중요하고 필수적이고 포기할 수 없는 것으로 보고 있다. 이론과 실제에서 그 중요성은 직원에 미치는 영향(대내적 영향), 기존 고객과 잠재 고객, 비즈니스 파트너와 주주와 같은 외부 목표 그룹에 미치는 영향(대외적 영향), 커뮤니케이션에 들이는 비용의 감소(비용 영향)에서 찾아 볼 수 있다(아래 표 참조).

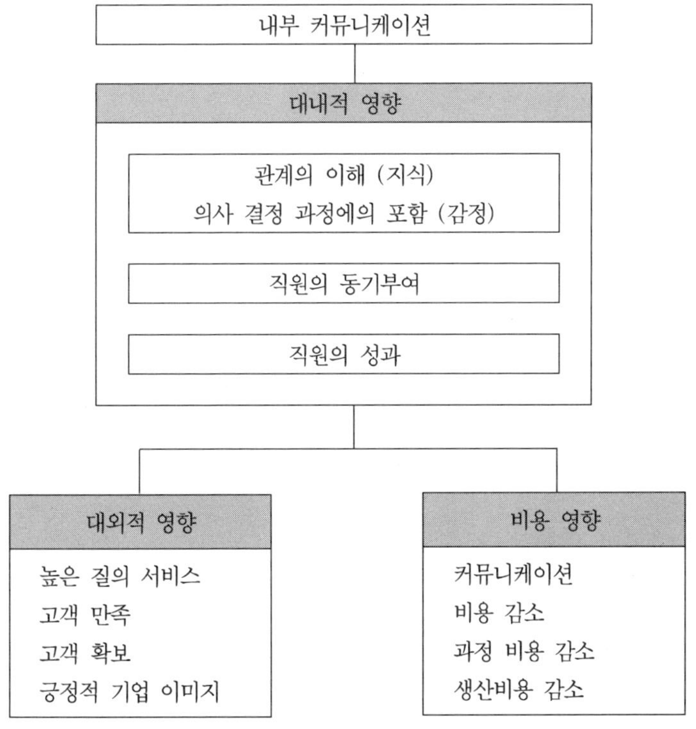

대내적 영향

회사를 위해 진력하겠다는 직원들의 각오는 기업의 성공을 위한 대단히 중요한 전제이다. 이는 다시금 직원들이 기업의 목표를 알고 이해하는 것을 전제로 한다. 이러한 목표를 달성하기 위한 조처와 방안이 직원들에게 제 때에 포괄적으로 전달되어야 직원들이 그 관계를 인식하고 그 실행에 대한 감을 잡을 수가 있다.

직원들은 더욱 복잡해지는 회사 내에서의 관계와 과정을 이해하고 자신의 업무를 전체 과정에 통합시킬 수 있을 때만이 그들의 능력을 한껏 발휘할 수 있다. 이러한 지식은 직원들이 더 손쉽게 더 신속하게 더 많은 통찰력을 가지고 업무를 처리하게 도와준다. 직원들은 업무 조건의 변화에 재빠르게 반응할 수 있고 공동의 사고를 하도록 자극 받고 공동 책임 의식을 갖게 된다(지식 차원).

직원들은 특히 회사와 함께 한다는 소속감을 느낀다. 직원들은 경영진이 직원들에게 관심을 갖고 있고 그들 업무의 중요성과 의미를 인정한다고 알게 된다(감정 차원). 직원들은 회사 경영진의 의사 결정 과정에 포함되고 자신들의 업무를 회사의 목표를 달성하는데 중요한 부분으로 여긴다. 직원들은 이를 통해 소문에 흔들리는 일이 적어진다. 직원들은 회사의 개별 단계를 알고 현재와 미래의 상황을 이해하는데 필요한 정보를 불확실하고 단편적이고 대단히 주관적인 색채를 띤 소문으로부터 수집하지 않아야 한다.

대외적 영향

어떠한 기업도 이제 더욱 고객 지향적이지 않으면 중기적으로 봐서 국내적이나 국제적인 경쟁에서 살아남기 힘들다. 이러한 고객 중심 경영

은 고객과 전문적이고 유쾌하고 호감이 가는 관계를 확보하는 확신 있고 동기부여가 되어 있는 직원들이 있어야 가능한 것이다. 또한 동기부여가 된 직원들은 고객들에게 경쟁사에 대한 자기 회사의 우월성을 더 잘 전달할 수 있다.

직원의 사적 생활에서도 직원들이 기업에 대한 긴박한 주제(이를테면 회사의 위기나 구조조정 등)의 공적인 논의에서 그에 대한 배경지식을 소유하고 회사의 의사 결정을 수긍이 가도록 설명할 수 있는 수준에 이르도록 직원들에게 기대할 수 있다. 예컨대 화학 회사인 독일 베아에스에프 아게(BASF AG)와 같은 대기업의 경우에 오만명의 직원이 루드비히스하펜/포르더팔츠 지역에서 홍보 활동의 중심적인 역할을 담당하고 있다.

성공적인 대외적 영향의 기본 전제는 기업 내부 자체에서 갖춰져야만 한다. 왜냐하면 직원들이 경영에 참여하고 만족하여야 긍정적인 태도를 대외적으로도 보일 수 있기 때문이다. 따라서 긍정적인 대외적 영향을 성취하기 위해서는 기업은 이미 내부적인 선행 성과를 이루어야 한다. 이러한 선행 성과는 한편으론 "보통의" 근무 조건(봉급, 사내 복지 등등)과 관련이 있고 다른 한편으론 내부 커뮤니케이션과 관련이 있다. 왜냐하면 내부 커뮤니케이션은 기업이 외부로부터 어떻게 인식되는지에 결정적인 영향력을 지니고 있으며, 관련 외부 목표 그룹에 긍정적이거나 부정적인 기업 이미지를 심어주는데 길잡이 역할을 한다.

비용적 영향

직원들이 동기부여가 되어 있으면 나타나는 또 하나의 효과는 더 많은 참여와 더 효율적인 근무와 적은 비용이다. 비용 영향은 내부 커뮤니케이션이 무시되거나 부실하게 운영되는 곳에서 가장 뚜렷하게 나타난다. 내부 커뮤니케이션이 불충분하거나 결여되어 있으면 업무 기술적 측면에서 마찰에 의한 손실과 오해와 지루한 업무 과정과 병행(중복) 업무가 발생한다. 그 결과는 나쁜 업무 환경, 더 많은 결근, 높은 동요, 평균보다 많은 소문, 내부 사직, 모빙 혹은 심지어 직장 범죄 등이다. 스위스 최대 소매 기업인 미그로스(Migros)의 노동조합의 연구에 의하면 심리·사회적인 문제에 의한 직원들의 연간 성과 결손이 2,200,000 유로에 이른다고 밝혀졌다. 모빙에 의해 유발된 결근 비용과 치료비용만 해도 스위스 전체로 보면 2,500,000,000 유로로 평가되고 있으며 독일의 경우는 연간 모빙 비용이 심지어 16,000,000,000에서 51,000,000,000 유로까지 산출되고 있다.

내부 커뮤니케이션의 과제

내부 커뮤니케이션은 직원들의 포괄적이고 가능한 많은 욕구를 충족하는 커뮤니케이션이 되기 위해 두 가지 주요 과제를 인식해야 한다.

한편으론 내부 커뮤니케이션은 직원들에게 신속하고 충분할 정도로 필요한 정보를 제공해야 한다(정보 기능). 다른 한편으로는 내부 커뮤니케이션은 경영진과 직원 사이에 일어나는 언어적 교환 과정을 확보해야 한다(대화 기능). 정보 차원에서는 계속해서 지시 기능과 조정 기능이 나누어 질 수 있고, 대화 차원에서는 알림 기능과 접촉 기능이 나뉘어 진다(아래 표 참조). 모든 과제는 규칙적인 순서에 따라서 분명하게 규정된 대책과 매체와 더불어 실행되어야 한다.

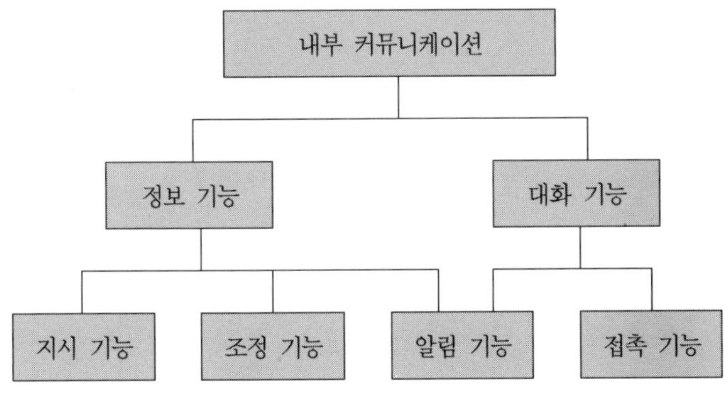

지시와 명령

내부 커뮤니케이션은 개별적인 업무 영역에서의 행위들이 새로운 외적 구성 조건들에 적응될 수 있도록 직원들에게 업무에 특수한 새로운 정보와 변화 사항을 가능한 신속하고 충분하게 전달해야 한다. 이때 그러한 메시지들은 대부분의 경우에 상세하게 논의되지 않아야 하고 충분하게 관찰되지 않아야 한다. 흔히 간단한 명령이나 짧은 지시면 충분하다.

길게 설명할 시간이 없는 상황에서 바로 잘 기능하는 지시와 명령 분배 시스템에 중요한 역할이 부여된다. 이러한 경우에는 변경 사항들을 전사적(全社的)이고 최단시간 안에 시행하기 위해 경영진의 정보가 직원들에게 신속하고 완전하게 도달되어야 한다. 왜냐하면 관련 지시와 명령이 기업의 모든 부서에 신속하게 도달하면 할수록 그 기업은 시장에서 더욱 더 유연하게 반응할 수가 있기 때문이다. 신속하게 변화하는 업계 조건과 시장 조건에서 효과적인 지시와 명령 전파는 기업이 더 높은 유연성과 역동성에 이르게 할 수 있다.

중개와 조정

내부 커뮤니케이션은 특히 조직 단위들 사이의 여러 가지 부분 과
정들을 조정하는데 도움이 되어야 한다. 이 단위들은 업무 분담과 과제
분담을 통하여 대부분 부분적으로 자율적으로 기능한다. 말하자면 각각
의 과제는 독립적으로 해결되어야 하지만 공동의 목표에 도움이 되어야
한다. 많은 부분 과정을 하나의 전체로 조합하기 위해서는 상당한 커뮤
니케이션이 운영되어야 한다. 내부 커뮤니케이션은 이러한 조정 기능을
맡을 수 있고 부분 과정들을 공동의 단일한 목표를 지향하도록 만들 수
있다.

알림과 설명

내부 커뮤니케이션의 또 하나의 과제는 직원들에게 상품, 업계, 시
장 관련 발전 동향, 회사의 운영 과정과 목표 설정에 대하여 알려주는
것이다. 상품 흐름, 업계 흐름, 시장 흐름의 복잡성이 증가하여 직원들은
그 발전과 변화를 점점 간파하지 못하고 이해하지 못한다. 직원들은 흔
히 전체 경제의 발전과 자신의 업무 사이의 연관성을 파악하여 논리 정
연한 전체적 상(像)에 연결시킬 수가 없다. 이러한 과제를 내부 커뮤니케
이션이 맡아야 한다.

내부 커뮤니케이션은 특히 전 직원을 기업의 운영 과정과 목표 설
정에 함께 참여하게 만들어야 한다. 직원들은 회사의 현재 상황과 경쟁
사에 대한 위치를 의식하고 있어야 한다. 직원들은 회사가 어떻게 발전
하고 있으며 회사의 발전이 자신의 개인적인 미래에 어떠한 의미가 있는
지를 알고 있어야 한다. 이 같은 점이 더욱 중요해지고 있다는 것이 독
일 아이비엠(IBM)의 설문조사에서 밝혀졌다. 아이비엠 직원들은 봉급 문

제는 두 번째로 관심을 두고 있으며 회사의 사회 복지 사업과 같은 사회적 관심사에는 더욱더 관심이 적다. 그들의 주요 관심은 회사의 목표와 전략이다.

직원들에게 충분히 알려주는 것이 점점 더 중요성이 더해감에도 이 분야에서 지금까지 부족함이 있는 것은 사실이다. 많은 기업에서 경제적인 성공과 판매 성공에 관한 소식과 개별적인 기업 부서에서의 기술적 정보보다 여전히 알림 기능이 편향되고 한정되게 운영되고 있다. 비판적인 보고 사항, 문제점 혹은 장래 계획은 가능한 배제되고 경영진과 직원 사이의 언어적 교류 과정은 여전히 그 가능성이 희박하다.

이를테면 독일 쓰리엠(3M)이 "대화 시간"에 실행하고 있듯이 겨우 소수의 기업들만이 광범위하고 투명하고 대화적으로 방향을 전환하고 있다. 이 같은 대화 모임에서 기업의 목표와 대책들이 규칙적으로 모든 직원들에게 전달된다. 여기서 모든 직원들이란 최고 간부층에서부터 최하위 말단까지를 이른다. 이때 대화 모임은 반시간 짜리 부서 대화가 아니라 회사 외부에서 주최되는 반나절동안 진행되는 비공개 회의를 말한다.

사회적 접촉

내부 커뮤니케이션은 마지막으로 평사원과 간부사원 사이의 사회적 접촉을 가능케 하여야 한다. 내부 커뮤니케이션은 오랫동안 성과 중심적이고 기술적인 면에 국한되어 왔다. 하지만 내부 커뮤니케이션은 정보 과정과 커뮤니케이션 과정의 최적화에만 그 기능이 끝나서는 안되고 사회적 접촉도 가능하게 해야 한다. 내부 커뮤니케이션은 내용적인 면뿐만 아니라 관계적인 면도 있다. 회사 내에서 조직의 부적절한 조치 혹은 상사의 적합하지 않은 행동에 의해 사람 사이의 교류 과정이 중단되는 곳에서는 그 결과로 불가능성과 고독함과 같은 기분에 이르게 되고 결국

일하는 것이 무의미하다는 주관적인 느낌에 이를 수 있다. 내부 커뮤니케이션은 따라서 일차적으로 구체적인 업무 활동 지향적인 언어적 교류 과정이 아니라 사람사이의 접촉과 관계 유지에 도움이 되는 언어적 교류 과정을 가능하게 해야 하고 촉진시켜야 한다. 이를 통해 한편으로는 업무를 더 즐겁게 느끼게 되고, 다른 한편으로는 이렇게 이루어진 사회적 접촉이 내부의 업무 흐름을 가속화시키고 더 유연하게 만들 수 있다. 왜냐하면 회사에서의 많은 문제들은 동료와의 관계에 의해서 해결되기 때문이다.

내부 커뮤니케이션의 책임자

내부 커뮤니케이션 실행의 책임은 기업의 여러 부서에 있다고 할 수 있다. 이에 따라 책임자의 과제 영역도 여러 차원에서 분명하게 요약되고 확정되어야 한다. 그 책임은 경영진의 책임, 기업 커뮤니케이션 담당 부서의 책임, 내부 커뮤니케이션 담당 부서의 책임, 상사의 책임으로 구분될 수 있다(아래 표 참조).

경영진	−커뮤니케이션 목표 확정 −커뮤니케이션 전략 허가 −커뮤니케이션 과정 컨트롤
기업 커뮤니케이션 담당 부서	−내부/외부 커뮤니케이션 통합 −커뮤니케이션 전략 확정 −내부 커뮤니케이션 매니저 투입

내부 커뮤니케이션 담당 부서	─상담 서비스 ─편집 서비스 ─배포 서비스와 행사 개최 서비스 ─교육 서비스
상사	─통보 사항 선택 ─수신자 선택 ─매체 선택

경영진

경영진에게는 내부 커뮤니케이션의 목표를 표현하고, 커뮤니케이션 전략을 허가하고, 내부 커뮤니케이션 과정을 감독하고 경우에 따라서는 변화를 준비하는 과제가 주어진다. 이 때 중요한 것은 경영진 내에서 내부 커뮤니케이션의 과제, 목표와 관련하여 단일한 기본 태도가 성립되고 적응과 변화는 전체 경영진에 의해 지원되고 지지된다는 점이다.

내부 커뮤니케이션 전략은 모든 경영진 구성원에 의해 허가되고 단일하게 실행되어야 한다. 그렇지 않으면 그 효과가 부족하다. 왜냐하면 만일 사원들이 중요한 주제들에 관해 경영진이 서로 다르게 언급하고 평가하는 것을 들으면 혼란과 불안 그리고 마침내 방향 감각의 상실에 이르는 것을 피할 수 없기 때문이다. 파벌이 만들어지고, 사람들은 어떤 파벌의 장(長)이 결국에 성공하고 자기는 어떤 말에 올라타야 할지를 계산한다.

경영진의 내부 커뮤니케이션의 구성에 관한 원칙적인 합의와 일반적인 동의가 있다면 기업 커뮤니케이션 부서, 내부 커뮤니케이션 부서, 상사가 취하는 이에 상응하는 대책이 실행될 수 있다.

기업 커뮤니케이션 담당 부서

　　기업 커뮤니케이션 담당 부서는 내부 커뮤니케이션과 외부 커뮤니
케이션이 내용적으로 또 시간적으로 서로 조율되어 출현하도록 확인하여
야 한다. 통합 커뮤니케이션의 의미에서 담당 부서는 마찰에 의한 손실
을 예방하고 관련 목표 그룹이 동질적인 기업 이미지를 갖도록 전력을
다해야 한다. 이 부서는 어떠한 소식도 내부적으로 토의되기 전에 외부
에서 소통되지 않도록 만전을 기해야 하고, 그 반대로 어떠한 소식도 외
부 영향을 검토하기도 전에 내부에서 돌아다니지 않도록 해야 한다. 기
업 커뮤니케이션 부서는 내부 커뮤니케이션 부서와 협력하여 내부 커뮤
니케이션 전략을 수립해야 하며 내부 커뮤니케이션 매니지먼트와 그 과
제를 정해야 한다.

　　독일의 휘포 은행(Hypo-Bank)은 이미 1989년에 가장 중요한 내·외
부 커뮤니케이션 도구들을 기업 커뮤니케이션 부서에서 총괄하도록 하여
커뮤니케이션 업무의 전문화를 위한 초석을 마련했다.

내부 커뮤니케이션 담당 부서

　　내부 커뮤니케이션 담당 부서는 참모 부서로서 경영진, 기업 커뮤니
케이션 부서, 인사나 PR 부서 밑에 직속으로 설치될 수 있다. 독일 기업
들에서는 대부분 인사 부서나 기업 커뮤니케이션 부서 밑에 두고 있다.
스위스 기업에서의 소속 관계에 대한 실제 데이터는 지금까지 나와 있지
않지만 문헌에서는 일차적으로 참모 부서로서 배치하도록 추천하고 있
다. 왜냐하면 이를 통해 내부 커뮤니케이션 부서가 경영진의 최측근에
위치하고 그렇게 해서 커뮤니케이션 흐름의 시작에 자리잡기 때문이다.
　　내부 커뮤니케이션 부서는 커뮤니케이션 과제를 실행하는데 경영진

에 도움을 주어야 한다. 동시에 직원들의 커뮤니케이션 욕구도 충족시켜야 하고 직원들이 문제가 생겼을 때도 지원해야 한다. 내부 커뮤니케이션 부서의 책임은 다음과 같이 규정될 수 있다:

- 규칙적인 직원 설문조사를 통한 사원들의 정보 현황과 커뮤니케이션 현황 조사 결과를 경영진과 직원들에게 전달
- 경영진과 간부 사원들이 내부 커뮤니케이션 과제를 실행하는데 조언
- 문제 발생시 직원들 지원과 상담과 신입 직원들의 초기 적응
- 내부 커뮤니케이션 전략의 최적화와 커뮤니케이션 구조와 과정의 상시적 개선
- 제품, 업계, 시장의 특별한 변화 사항과 경영진의 목표와 전략에 대한 직원들의 최적화
- 기업의 매체 인프라의 개발과 유지 그리고 일체의 문자적 내부 매체의 편찬과 편집
- 문자적 내부 매체의 제작과 배포 그리고 대화 모임의 조직
- 직원들과 간부들의 대화 운영 교육과 텍스트 작성 교육

내부 커뮤니케이션 부서가 벌이는 모든 활동의 기초는 직원 설문조사이다. 설문조사는 직원들의 태도와 욕구를 보여주기도 하고 최근 분위기의 전달 외에 계획된 대책들을 진단하는 도구로서도 사용될 수 있다. 설문조사는 내부 커뮤니케이션 부서가 수행하는 전문적인 상담 서비스, 편집 서비스, 배포 서비스, 행사 개최 서비스, 교육 서비스가 자리잡을 수 있는 기초를 이룬다.

상담 서비스

내부 커뮤니케이션 부서의 상담 서비스는 최소한 두 가지 종류이다. 그 하나는 회사 대표로부터 과장급에 이르기까지 정보의 효과적인 전달과 직원들과의 효과적인 대화 운영에 관해 조언해 주는 것이다. 내

부 커뮤니케이션 부서는 내부 커뮤니케이션 컨셉에서 어떠한 내용을 어떠한 직원 그룹에게 어떠한 형식으로 전달되어야 하고 어떻게 이러한 것들이 간부진에게 접근되어야 하는지를 확정할 수 있다. 독일 휘포 은행(Hypo-Bank)은 각 부서에 질문이나 문제가 있을 때는 조언을 구할 수 있는 내부 커뮤니케이션 부서의 전문가를 배치하였다.

다른 하나는 직원들 사이에 그리고 직원들과 상사들 사이에 커뮤니케이션 장해나 문제가 있을 시에 옴브즈맨(ombudsman) 위치에 서서 조언을 하며 돕는 것이다. 내부 커뮤니케이션 부서는 중립적 부서로서 갈등 당사자 사이를 중재하거나, 대화 모임을 발의하거나, 심각한 경우에는 기업심리 전문가를 개입시킬 수 있다. 스위스 제약회사 노바티스(Norvatis)는 1988년 10월부터 혁신적이고 성공적인 대책들을 구현하고 있다. 노바티스에서는 개신교 목사가 개인 문제, 가족 문제, 직장 문제 등이 발생하면 직원들을 도와주고 상담해 주고 있다.

또한 새로 입사한 직원의 초기 적응에서도 내부 커뮤니케이션 부서는 도움이 될 수 있다. 회사의 특수성들을 가능한 신속하고 충분하게 신입 직원에게 가르치기 위해서 전문화된 부서의 다음과 같은 대책들이 사용될 수 있다:

- 고용 계약의 체결 시 관련 정보 일체(회사의 역사, 연수 가능성, 자유로운 노동시간 관리)가 담긴 특별 책자의 교부
- 노동 계약 체결과 노동 개시 사이에 출판물 목록을 추가 주문을 위해 송부 그리고 직원 신문과 같은 신간 출판물의 지속적 송부
- 업무 첫 주에 회사의 여러 부서에 대한 소개를 위해서 모든 신입 직원들을 위한 소개 행사 개최 그리고 몇 주 후 불분명한 점, 미해결 의문점, 문제의 논의를 위한 사후 관리(follow-up) 행사
- 업무 개시일에 전체 신입 직원을 위한 업무 숙달 계획서 교부

편집 서비스

여러 부서의 전문 텍스트에 대한 교정과 편찬 외에 내부 커뮤니케이션 부서는 회람이나 직원 신문과 같은 내부 출판물을 편집할 수 있다. 이러한 과제는 사내 기자가 맡을 수 있다(사내 기자는 내부 커뮤니케이션 매니저와 동일시되어서는 안되고 커뮤니케이션 매니저 밑에 둔다).

사내 기자는 임무 수행을 위해 광범위한 자유 권한을 갖는 경우에만 성공적으로 업무를 수행할 수 있다. 사내 기자는 언론법의 취지에서 정보를 수집하는데 방해를 받아서는 안되고 직급의 장해를 뛰어넘어 사장에서부터 과장급과 평사원에 이르기까지 모든 임직원에 직접 접근할 수 있어야 한다. 경영진은 특히 각 부서장에게 사내 기자에게 중요한 정보를 제공하도록 지시하여야 한다. 사내 기자는 회람 같은 것은 자동적으로 받아 보아야 하고, 결정과 결과만을 인지하는 것이 아니라 그 생성 과정과 의견 형성과정도 관찰할 수 있도록 중요한 토의에 참석해야 한다. 사내 기자는 직원들에게 최신 발전 경향과 변화를 적절하게 알릴 수 있기 위해서는 충분한 배경 정보가 필요하다.

배포 서비스와 행사 개최 서비스

내부 커뮤니케이션 부서는 내부 커뮤니케이션의 대책과 매체를 구상해야할 뿐만 아니라 실행도 해야 한다. 배포 서비스와 행사 개최 서비스가 이에 속한다. 배포 서비스는 내부 출판물의 조정과 생산 감독을 포함한다. 이 부서는 특히 내부 출판물이 목표 그룹에 잘 배포 되도록 하는 조정 작업을 맡아야 한다. 독일 아이비엠(IBM)의 내부 커뮤니케이션 부서는 연초에 최고위 간부 360명이 모이는 콘퍼런스 직후에 회사의 새로운 우선 순위와 목표가 담긴 메모랜덤을 3,000여명의 전체 간부사원들에게 보내고 그 후 바로 직원 신문에 핵심 사항들을 발표한다.

내부 커뮤니케이션 부서의 또 하나의 서비스는 내부 커뮤니케이션 포럼과 대화 모임의 조직과 시행이다. 이에는 직원들간의 만남, 사내 전시회, 사내 축제와 같은 매우 다양한 행사가 있다. 독일 쓰리엠(3M)은 해마다 한번 특정한 주제를 내걸고 행동의 날을 갖는다: 예컨대 직원들에게 하루동안 언어와 커뮤니케이션의 중요성을 일깨워주는 무언극과 같은 주제로, 그리고 각 부서가 다른 직원들에게 신제품을 소개하는 사내 프레젠테이션을 개최하거나 직원 가족과 친지를 초대하는 회사 개방의 날 행사도 있을 수 있다. 이러한 행사들의 조직과 시행을 내부 커뮤니케이션 부서가 해당 전문 부서와 함께 맡는다.

교육 서비스

내부 커뮤니케이션 부서는 또한 대화 훈련과 커뮤니케이션 훈련 분야에서 중요한 기능을 수행한다. 대화 훈련은 많은 기업에서 이미 연수와 교육의 일부분을 구성하고 있기는 하지만 지금까지 주로 간부사원들의 화술과 프레젠테이션 능력 개발에 치중해 왔다. 중간 직급과 하위 직급의 직원들의 교육도 필요하다는 요구가 있다. 내부 커뮤니케이션 부서는 이점을 인식하고 이러한 코스의 기획, 시행, 평가를 맡을 수 있다.

내부 커뮤니케이션 부서는 계속해서 텍스트 작성 지침을 만들거나 개선하고 텍스트 작성 교육을 실시해야 한다. 사내 여러 부서에서 사내용 텍스트를 작성하기 때문에 텍스트 구조, 텍스트 형식, 용어 등에 해당하는 외부용 텍스트 작성 지침이 있어야 한다. 그러한 지침이 없는 경우에는 내부 커뮤니케이션 부서가 이를 완성하여 직원들에게 전달해야 한다. 문서화된 지침의 배포 외에 교육을 통해 전달될 수도 있다. 다량의 사내 텍스트를 작성하는(편집 구성원, 인사책임자 등등) 인력의 교육은 긍정적인 효과를 발휘한다. 그러한 교육은 텍스트의 형식적인 구성이 개선되고, 텍스트 수용이 더 빨라지고, 언어적 보조수단을 다루는 일이

더욱 간편해지고, 구두 표현력이 최상화 되는데 도움이 된다.

이러한 모든 과제와 책임은 오늘날 소수의 기업들에게서만 찾아볼 수 있는 전문성을 요구한다. 과제에 맞는 전문성을 확보하기 위해서는 내부 커뮤니케이션 매니저라는 직책의 설치가 바람직하다. 이 직책은 사원들의 욕구와 관심, 경영진의 목표 사이를 연결하는 중간 위치를 차지한다. 이 같은 전문가는 한편으로는 공식적인 정보 과정과 커뮤니케이션 과정을 조정하고 조절하는 일을 해야하고, 다른 한편으로는 직원들의 아이디어와 혁신을 가능하게 해야하고 공식적인 과정으로 편입시켜야 한다. 내부 커뮤니케이션 매니저는 다양한 역할을 동시에 수행하는 사람이다, 즉 조직하는 자요, 혁신하는 자요, 경영진의 조언자요, 사원들의 대표자인 것이다. 내부 커뮤니케이션 매니저는 경영진과의 협의 아래 기업의 투명성과 개방성과 대화 능력의 정도를 결정한다.

상사

상사는 기업의 내부 커뮤니케이션의 중추를 이룬다. 경영진과 직원을 이어주는 역할을 하는 상사는 특히 경영진의 정보를 계속하여 전달하고 평가하며 사원들과의 대화를 운영하는데 중요한 의미를 지니고 있다. 상사에 의해 전달되어야 하는 정보는 세 가지가 있다:

- 기본 정보(업무와 직책 설명)는 직원들의 업무 수행의 토대를 이룬다. 기본 정보는 매일 업무 과정에서의 과제 영역의 책임 한계를 정한다.
- 지속 정보(상급 부서의 결정 사항, 연구 결과, 개혁안 통지 등)는 직원들이 자신들의 행위를 변화된 상황에 적응 가능하게 만든다.
- 업무 성공에 관한 정보(성과 피드백)는 직원들이 자신의 행위를 회사의 전체 맥락에 적절하게 적용할 수 있도록 한다.

상사들은 대부분의 기업에서 기본 정보와 업무 성공에 관한 정보를 전달하는데 미리 구성된 문서들을 사용하지만 지속 정보의 전달은 어려움이 많다. 따라서 상사들은 매일의 업무 과정에서 부서와 업무에 특수한 정보들의 전달에 있어서 특별히 공지사항 선택, 수신자 선택, 적절한 매체 선택에 유의해야 한다.

공지사항 선택

정보 전달에 있어서 상사의 중요한 임무는 직원들을 정보의 과잉과 위장 정보로부터 보호하기 위해 정보의 홍수에서 직원들에게 중요한 정보를 골라내고 방향을 정하는 것이다. 왜냐하면 정제되지 않고 전달되는 정보는 거의 올바르게 소화될 수 없기 때문이다. 그 결과로 사원들에게 정보 면역성 혹은 정보 무감각증에 이를 수 있는 저항 시스템이 생겨나는 경우도 드물지 않다. 상사들은 직원들이 문서와 전자메일로 전달된 공지사항을 알지 못하는 경우에 의아해 하기도하고 화를 내기도 한다. 정보 과잉은 수신자가 정말로 중요한 정보에 무디게 한다.

수신자 선택

전체 직원이 받아 보아야 하는 정보도 있고, 일부 목표 그룹이 알아야 하는 정보도 있다. 모든 메시지가 모든 직원들에게 적절한 것은 아니다. 연관성에 관한 지식이 부족하여 선별되지 않은 정보의 전달은 관련 정보가 전달되는 것보다 사원들에게 더 많은 오해와 불안을 야기할 수가 있다. 이런 경우에 정보의 전달은 반생산적이며 불필요하게 불확실성만 형성하게 만든다. 그리고 모든 정보가 모든 직원들에게 관심거리인 것은 아니다. 원하지도 않은 정보를 통해 사원들을 혼란에 빠뜨려서는 안 된다. 다른 말로 바꾸어 말하자면: 상사들은 직원들의 정보 욕구와 커뮤니

케이션 욕구가 무엇인지를 가능한 정확하게 파악하고 있어야 한다. 이러한 욕구를 확인하기 위해 개인적인 대화 외에 직원 설문조사와 사내 연구가 이용될 수 있다.

매체 선택

구두나 문서로 작성된 공지사항은 수신자의 이해 수준에 맞도록 표현되어야 한다. 상사들이 꼭 맡아야 하는 기능은 번역 기능이다: 상사들은 복잡한 사태를 목표 그룹에 적합하고 그 그룹이 이해할 수 있는 언어로 변형시켜야 한다. 그리고 또한 전문 용어들을 설명하고 연관성을 밝혀주고 설명을 위한 예를 이용해야 하고, 이해의 어려움이 있는 경우에는 보충과 적당한 추가 정보를 제공할 수 있어야 한다.

이러한 맥락에서 상사는 적절한 매체 선택이라는 과제의 중요성을 인식해야 한다. 하나의 매체가 모든 정보 임무에 적절한 것은 아니므로 수신자 그룹의 수, 전달의 속도, 기획비용과 생산비용에 따라 선택되어야 한다. 일반적으로 상사는 직원들에게 구두로 알리는 경향이 있다. 특히 각 부서별 대화는 기업의 정보 처리 과정에서 중요한 위치를 차지한다.

잘 기능하는 부서별 대화 시스템에서 직원들의 정보 욕구가 많은 부분 충족될 수 있다. 하지만 이를 확보하기 위해서는 부서별 대화가 제도화되어야 하고 형식적인 틀(빈도, 시간 등)과 내용이 확정되어야 한다. 그렇지 않으면 부서별 대화의 통일적인 조직을 위한 컨셉이 완성되어 도입되어야 한다. 상사에게는 부서 미팅 시행의 의무가 있어야 하고 이러한 미팅의 규칙성은 점검 대책에 의해 검토되어야 한다. 상사들은 시간 부족과 업무 과중으로 직원들에 대한 커뮤니케이션 의무를 다할 수 없다는 것에 대해 사과하는 것으로만 그친다.

변화된 사원들의 정보 욕구와 커뮤니케이션 욕구를 충족시키기 위해 스위스 아이비엠(IBM)이 1992년부터 실행하고 있는 것처럼 개별 대화와 그룹 대화를 더욱 대화적인 방식으로 강화해야 한다. 스위스 아이비엠은 구조조정 과정에서 상사와 직원간의(전통적인) 자격 심사 대화를 상담 대화(Counseling Interview)로 바꾸었는데 이 대화에서는 참가자들이 공동으로 장래에 대해 생각하고 적절한 조치를 함께 확정하는 기회를 가진다. 이는 더 이상 상사의 일방적인 평가가 아니라 상호간에 이루어지는 대화가 추구되는 것이다.

상사에게는 중요한 대화 임무가 부여된다. 직원들은 상사와의 거의 모든 만남에서 상사들의 태도를 암시하는 징표를 찾으며 다음과 같은 질문을 품는다: "상사가 내 제안을 어떻게 판단할까?", "상사는 그 입안(立案)에서 어떤 점들을 듣고 싶어할까?", "이 주제에 대한 그의 태도는 무엇인가?" 등등. 따라서 상사는 직원들과의 대화에서 늘 자신의 기본 입장을 확정하고 있어야 하며, 직원들의 입장을 파악하고 있어야 하고, 그로부터 생겨나는 문제 영역들을 분명히 표현하여 해결하려고 노력해야 한다. 상사는 잠재되어 있는 문제를 논의할 것인지 그 시기는 언제인지를 알고 있어야 한다. 상사는 커뮤니케이션 과정을 지원할 뿐만 아니라 먼저 스스로가 제의하고 주도하기도 해야 한다.

한 독일 자동차 회사에서의 고위 간부들에 관한 경험적 연구가 보여주듯이 사원들은 지금까지는 승진에 거의 관련 없는 것으로 치부된 상사의 능력이 점점 중요한 것으로 인식하고 있다. 이 능력에는 조정 능력과 동기부여 능력 외에 무엇보다도 가치 설정 능력, 목표 설정 능력, 커뮤니케이션 능력이 들어 있다. 새 천년의 리더십은 커뮤니케이션을 가능하게 하는 상사를 요구한다.

내부 커뮤니케이션의 미디어

내부 커뮤니케이션 임무의 실행은 내부 매체의 투입으로 이루어진
다. 내부 커뮤니케이션의 중요성에 발맞추어 내부 매체도 충분히 주목되
어야 하고 그 실행을 위해 인력과 재정이 마련되어야 한다. 하지만 이는
소수의 기업에서만 실현되고 있다. 관료적인 문제의 회람과 매력 없는
직원 신문과 불규칙적으로 등장하는 게시판이 아직도 내부 커뮤니케이션
의 이미지를 형성하고 있다. 많은 내부 매체는 현실성이 부족하며 일반
적이고 경영진에 치중한 보도와 문제의 빈곤과 갈등 회피가 주를 이루는
현실의 전달이 현 상황이다. 하지만 몇몇 소수의 스탠더드 매체로 다루
어질 수 있다고 하기에는 그 임무는 너무 다양하고 복잡하고 중요하다.
다양한 내부 매체에서 기업의 목표 달성에 관련된 매체를 선택하고 선택
된 매체를 기능, 목표 그룹, 시간적 투입, 형식과 관련하여 서로 조율해
야 한다. 이를 위해 어떠한 매체가 사용될 수 있으며, 어떻게 서로 결합
될 수 있고, 어떠한 혁신적인 대화 대책이 투입될 수 있을까?

정보 매체와 대화 매체

내부 매체가 단순히 존재하고 있다는 것만으로 직원들이 이를 받아
들이고 알게 된다는 것을 보장하지는 않는다. 그 내용이 직원들에게 관
련이 되고 그 형식이 기능과 일치할 때만이 긍정적으로 수용되고 정기적
으로 이용된다. 그 내용은 대표성이 있고 정기적으로 수행되는 직원 설
문조사로부터 충원될 수 있다. 조사가 대표성이 있다는 것은 모든 직원
들의 욕구를 파악하기 위함이요, 정기적이라는 것은 사원들의 변화하는
정보 욕구와 커뮤니케이션 욕구를 참작하기 위함이다.

　　이러한 욕구가 확정되면 관련 내용이 정의되어 적절한 매체가 선택되어 투입되고 서로 결합될 수 있다. 이때 주의할 것은 직원들에게 신속하고 충분하게 정보를 전달하는 내부 매체가 투입된다는 것뿐만 아니라 직원들과의 언어적 교류를 확보하는 매체도 투입된다는 것이다. 정의된 과제에 따라서 정보 매체와 대화 매체가 구분될 수 있다. 이들은 다시금 지시 매체, 조정 매체, 알림 매체, 접촉 매체로 나뉘어 질 수 있다(아래 표 참조).

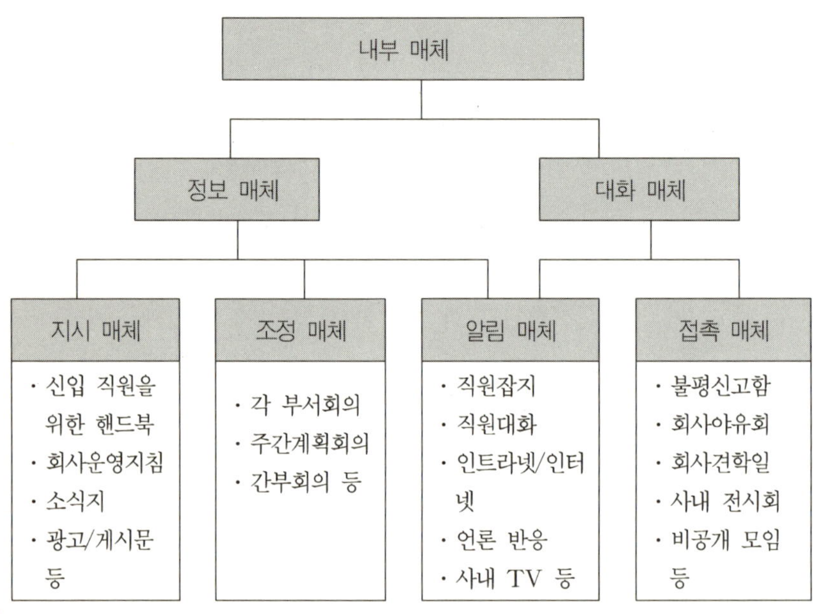

　　내부 매체의 선택과 투입(구상, 제작, 생산)에서 외부 전문가들이 전문적인 노하우로 기업을 도울 수 있다. 이는 모든 과제마다 세부 지식과 인력이 굳이 마련되어 있지 않아도 전문적이고 신속하게 행동할 수 있다는 장점이 있다. 1997년 스위스에서의 내부 매체 투입에 관한 경험적 연구가 말해주듯이 외부 전문가는 주로 내부 매체의 형성과 생산에 관여

한다. 질문을 받은 기업의 34%가 생산 분야에서의 외부 지원을 필요로 하고 있으며 20%는 내부 매체의 형성을 위해 외부 인력을 필요로 한다. 이에 반해 전체 기업의 8%만이 내부 매체의 구상에 외부 조언자를 초청하고 있다. 외부 조언자의 의의와 이용(전략적 목표, 내용 정의, 편집 등)이 흔히 잘못 인식되고 있다. 따라서 외부 조언자에 대한 이용이 불충분하다고 말할 수밖에 없다.

내부 매체의 통합

내부 커뮤니케이션의 성공을 결정짓는 것은 개개의 고립적으로 투입된 매체가 아니라 결합, 조정, 통합에 의해 달성된 시너지이다. 내부 매체는 분리되어 구상되고 제작되어서는 안되고 이미 개발 단계에서 시간, 목표 그룹, 기능, 내용, 형식과 관련하여 서로 조율되어야만 내부 매체 인프라가 구축될 수 있다. 이때 모든 매체는 이러한 인프라 안에서 일정한 기능을 지닌다:

- 직원잡지의 최우선 과제는 장기적인 기업 목표와 수단의 전달이다.
- 경영진이 모든 직원에게 보내는 주간 이메일은 업무의 단기적이고 중기적인 진행 과정과 목표 설정에 관한 방향타 구실을 한다.
- 직원 회의는 경영진과 사원 사이의 최신 중점 주제에 대한 비판적 논의에 도움이 되며 투명하고 대화적인 기업 문화에도 도움이 된다.
- 간부 회의는 직장에서의 일상에서 떨어져 있는 중요한 정보의 교환과 개별 부서들 사이의 원활한 조정에 기여한다.

직원 설문조사의 결과에 따라서 이러 저러한 매체가 서로 결합되고 조율될 수 있다(아래 표 참조).

	직원잡지	경영진메일	직원회의	간부회의
시간간격	연 3~4회	매주 초, 필요에 따라 추가	연 1~2회	연 1~2회
목표그룹	모든 사원	모든 사원	모든 사원	간부사원
기　능	"Big Picture": 경제환경에서의 기업활동의 개관	"Daily Business": 기업의 단기·중기 목표와 수단 소개	"Culture": 기업의 현재 성공과 문제에 대한 대화적이고 비판적 논의	"Coordination": 간부차원에서의 중요한 정보와 의사결정의 교환
내　용	거대프로젝트와 부서, 차기 6개월에서 1년의 회사 목표, 후생복지 등	업무의 현행 프로젝트, 단기 목표, 현재의 전문 주제 등	중점주제, 개선분야, 사원 제안의 수용 등	부서의 변경 사항, 투자 등
형　식	전문적으로 구상되고, 제작되고, 생산된 잡지	매주 발송되는 이메일	대화 모임	외부에서 1~2주간 개최되는 워크숍

　　내부 매체 인프라에 대한 조직적인 이용은 대부분의 기업에서 불충분하다. 기업들은 독일의 휘포 은행(Hypo-Bank)처럼 산발적으로나마 수년에 걸쳐 매체 인프라를 구축하고 지속적으로 최적화 시켰다. 매체가 목표 그룹에 맞추어져 연결되고 조율되어서 투입되어야 높은 정도의 주목을 받고 높은 효과를 확보하게 된다. 게다가 혁신적인 대화 수단에 큰 의미가 부여된다.

혁신적 대화 대책

월드컵 축구나 올림픽 경기는 회사의 대화 문화를 급격하게 바꾸어

놓는다. 이런 것들은 잠시동안 대화 소재를 만들어 주고, 회의 시작할 때의 어색함을 잘 넘기게 해주고, 엘리베이터 안에서의 "침묵하기"를 해소해 주고, 여러 가지 활동을 가능하게 해준다(내기, 중계방송 공동 시청 등). 그러한 경기들은 공동의 체험으로 인해서 커뮤니케이션 장해를 제거하고, 상하의 직원들을 단결시키고, 회사에 더 많은 활력을 불어넣는다. 이러한 결속 기능과 통합 기능을 인위적으로 마련되고 의식적으로 투입된 대화 수단들도 맡을 수가 있다. 예를 들자면 경영진과 직원들 사이의 언어적 교류 과정을 촉진하는 아래와 같은 조치들이 있을 수 있다:

아이비엠(IBM)의 직원 집회

스위스 아이비엠은 1992년 초 엄청난 손실로 인해 회사가 단호한 구조 조정에 직면에 있을 때 직원들의 입장과 태도를 감안하는 새로운 방식을 채택하였다.

경영진은 회사가 직면에 있는 상황에 관해 고위 간부 사원들에게 뿐만 아니라 전 직원들에게 알리도록 결정했다. 경영진은 2,500여 명의 직원들을 취리히 할렌스타디엄에서 "출발 92"라는 모토 아래 열리는 집회로 초대했다. 회사의 상황이 상세하게 설명되었고 필요한 조치와 실행 대책이 설명되었다. 마케팅 매니저는 일방적인 보고를 하는 대신에 직원의 관점에서 구조 조정에 비판적이고 중요한 질문들을 제기하는 2명의 사원과 토론을 가졌다. 이러한 집회의 목표는 직원들을 경영진의 의사결정 과정에 동참시키고 장래의 조치들에 대한 믿음을 얻는 것이었다. 특히 경영진과 직원 사이의 대화의 교환 과정이 시작될 수 있었고 뒤따르는 커뮤니케이션 조치들에 대한 긍정적인 기초가 확보될 수 있었다.

스위스컴(Swisscom)의 내부 홍보 캠페인

1998년 스위스 텔레커뮤니케이션 시장의 자유화와 민영화에 의해 당시까지 국유 기업이었던 "텔레컴 피티티(Telecom PTT)"는 독점적 지위를 상실하게 되었고 민영화된 기업인 "스위스컴(Swisscom)"으로 개편되었다. 구조 조정은 직원들의 많은 불안과 불확실성으로 이어져 있었다. 전직 국가 공무원들은 새로이 민간 기업의 사원이 되었다. 경영진은 이러한 불안을 광범위한 커뮤니케이션 공세로 대처하려고 애썼다. 족히 2만여 명이 넘는 직원들이 1년 이상에 걸쳐 참석한 워크숍 외에 내부 홍보 캠페인이 이러한 조치의 핵심을 구성했다. 캠페인은 3단계로 구성되었고, 모든 참가자들이 변화에 민감해야 했으며 변화에 대한 수용을 준비하며 함께 생각하고 함께 행동하는 것이 진작되었다:

- 1단계에서는 단순업무 종사자들과 커뮤니케이션 담당자들이 책상과 탈의실 옷장과 화장실문 등에 직원의 관점에서 "쉣트, 난 영어를 하나도 못해요" 또는 "민영화—노 탱큐"와 같이 도발적이고 허구적인 진술을 담은 스티커를 부착했다.
- 2단계에서는 플래카드를 내걸었는데 그 상단부에는 1단계에서 나타난 도발적인 진술을 인쇄되었고 하단부에는 언급된 주제들에 대한 경영진의 답변이 등장했다. 이 캠페인은 특히 사내 잡지인 "커뮤니케이션"지에서 설명되고 그 수용여부가 직원 설문조사로 확증되었다.
- 3단계에서는 주제 "체인지"에 대한 직원들의 진술을 담은 플래카드가 각 영업장에 진열된다. 이 플래카드는 기본 원칙들을 내실화하고 새로운 구조의 장점들을 전달한다.

캠페인은 감정을 뜨겁게 달구었고 내부 커뮤니케이션 담당자들은 개인적 공격, 모욕, 욕설을 예상해야만 했다. 하지만 직원들의 주목을 이끌어내려는 싸움은 승리를 거두었고, 직원들은 캠페인과 변화 과정을 두고 집중적으로 고심했고, 격분의 1단계가 지난 후에 발의된 대화는 자리를 잡고 계속 진행될 수 있었다.

에스에어그룹(SAir Group)의 사내 TV

1996년 말 스위스에어 그룹(Swissair-Konzern)은 새롭게 에스에어 그룹으로 조직되었는데 예전의 그룹 영역들은 독립 기업으로 변화되었다. 구조 조정과 그와 관련된 기업 문화의 새로운 방향 설정에 대한 신호탄으로 경영진은 1998년 5월말 처음으로 사내 TV를 설립했다. 시범 방송의 계기는 최초로 사만 5,000여 명의 직원들이 참여한 에스에어그룹의 결산보고 회의였다: 유럽에서는 위성 생중계로, 그 밖의 해외에는 비디오테이프로 전달되었다. 결산보고 회의는 에스에어그룹의 부서장들이 직원들에게 감사를 표하고 새로운 업무 목표를 소개하는 발언들로 인해 수차례 중단되었다.

첫 방송 후에 실시된 서면 직원 설문조사에서 새로운 매체는 긍정적인 점수를 받았다. 커뮤니케이션 담당자들도 얻어진 결과(즉 긍정적으로 주목을 받았다는 점)에 만족하고 사내 TV를 개인적 대화를 대신할 수 있는 최상책이라고까지 말했다. 이러한 최초의 전 세계적 중계 비용은 약 210,000 유로에 달했다.

세인의 이목을 집중시킨 이 기업의 파산은 이런 모든 노력을 허사로 만들었지만 이러한 첫 시도는 사내 TV가 내부 커뮤니케이션을 지탱하는 중요한 버팀목일 수 있다는 것을 보여주었다.

직원 잡지

서유럽에는 대략 5,000 종의 직장 잡지와 직원 잡지들이 있는데 40,000,000명이 독자를 이루고 있다. 스위스에서는 약 500종의 직원 잡지가 있고 스위스 전체 인구의 4%에 이르는 2,700,000명에게 배부되고 있다. 직원 잡지에는 이러한 광범위한 영향 외에도 내부 커뮤니케이션의 핵심 매체로서 중요한 의미가 부여되고 있다. 직원 잡지는 문헌에서 신뢰할 수 있는 정보의 가장 중요한 출처로 간주되며 내부 커뮤니케이션의 가장 포괄적이고 가장 광범위하게 퍼져 있는 매체라고 간주되고 있다. 많은 기업에서 직원 잡지는 경영진과 직원 사이를 이어주는 정기적으로 발행되는 유일한 연결고리이다. 사원들을 위한 크나 큰 의미 외에도 직원 잡지는 또 하나의 중요한 외부적 기능이 부여된다. 직원 잡지는 직원을 통하여 외부에 존재하는 목표 그룹 즉 직원의 가족이나 고객 혹은 저널리스트에게도 전해진다. 직원 잡지의 내용이나 구성으로 인해 회사의 이미지에 긍정적 혹은 부정적으로 기여하기도 한다. 직원 잡지의 광범위한 배포와 내부적 외부적 큰 의미는 그 수용에 관해서는 아직 아무 것도 말하지 않고 있다. 대부분의 사원들이 직원 잡지를 수용하기 위해서는 어떠한 내용이 담겨져야 하고 그 내용이 편집상으로나 그래픽으로 어떻게 처리되어야 하는가?

직원 잡지의 내용

직원 잡지의 내용적 방향은 "직원"이라는 낱말에 두어야 한다. 내용의 방향은 1차적으로 직원의 욕구에 맞추어야지 경영진의 생각에 방향을 맞추어서는 안 된다. 이때 회사의 미래와 직원들 자신의 활동에 관해 경영진으로부터 알 수 있는 기대가 최상위에 위치한다. 그 외에도 새 프로젝트와 신상품에 대한 소개, 회사와 관련된 일반적인 경제 동향, 경쟁 상황, 직원에 관한 새소식이 관심의 대상이다. 인사 분야는 중요한 부분이어서 빼놓을 수 없다. 신입, 승진, 기념일 등은 직원 잡지의 전형적인 요소들이다.

직원 잡지는 가능한 많은 직원들에게 도움이 되기 위해 업무는 물론 인사에 관한 주제들도 다루어야 한다. 문제를 축소하는 서술 대신에 신속하고 비판적이고 가능한 포괄적으로 회사의 모든 중장기 주제에 대해 알리도록 직원 잡지에 대한 요구가 더해가고 있다.

직원 잡지의 내용은 변화해야 하고 직원들에게 늘 새로운 주제로 신선함을 주어야 한다. 직원 잡지는 매력적이고 재미있는 사실을 전달하는 내부 출판물이어야 한다. 직원 잡지는 직원들이 회사의 가장 중요한 상황들을 인식하고 각자의 업무를 전체적 틀에 적용시킬 수 있도록 해야 한다. 사원들은 전체 경제의 틀 안에서 그리고 사회적 환경 안에서 수행하는 회사의 역할에 대해 더 잘 이해하고 있어야 한다. 이를 위해 어떠한 구성상의 전제가 필요한가?

직원 잡지의 구성

직원 잡지의 구성에서 일어나는 혁신적인 발전은 편집은 물론 그래픽 분야에서도 관찰된다. 편집 분야에서는 뉴스가 여전히 주도적인 서술 형식이지만 그 외에도 논평이나 촌평과 같이 점증적으로 의견에 중점을 둔 형식들도 나타나고 있다. 그리고 특히 중요한 최신 주제를 담고 있는 사설들도 자주 찾아볼 수 있다. 대부분 비판적이고 집필자의 주관이 담긴 기사 형식들은 독자가 더욱 많은 참여감을 느끼도록 하는데 기여한다. 직원들은 더 직접적으로 호소를 받게되고 출간된 의견에 대한 입장도 내세울 수 있다. 직원 잡지는 더욱 많아지는 독자편지의 수에서 알 수 있듯이 대화적 방향에 의해 더 관심을 끌게 된다.

직원 잡지의 대화 중심적 방향 외에도 수용을 더 간편하고 편안하게 만들어 주는 저널리즘적인 스타일 수단이 점차 더 많이 사용되고 있다. 그래서 직원 잡지들은 점차적으로 주제별 카테고리로 나뉘어 진다. 이는 방향 설정 기능을 가지고 있고 독자들이 "자신들의" 주제를 용이하게 찾도록 해준다. 이는 또한 직원 잡지의 각 호 사이를 묶어주는 연결 요소이고 계속성과 지속성을 통해 더욱 많은 고정 독자가 생기게 한다. 기사는 흔히 타이틀, 리드 텍스트, 부제가 있는 본문으로 구분된다. 이러한 구분은 읽는 기쁨을 배가시키고 직원들이 직원 잡지를 수용하는데 용이하게 만들어 준다.

이러한 편집상의 발전 외에 직원 잡지는 더욱 전문적으로 디자인되고 있다는 점을 확인할 수 있다. 이러한 트렌디는 시중에서 구입할 수 있는 데스크탑 출판 프로그램에 힘입고 있는데, 이 프로그램으로 비교적 간편하고 저비용으로 효과적인 직원 잡지의 구성을 할 수가 있다. 대부분의 대기업에서는 이에 상응하는 시스템과 전문가가 이미 광고 부서나 PR 부서에 배치되어 있다. 외부 전문가나 에이전시의 컨설팅도 점차 늘어나고 있다.

내부 커뮤니케이션의 장해

기업에서는 많은 수의 장해 가능성들이 있다. 장해는 대부분 내부 커뮤니케이션의 조직에 근거하고 있다. 기업의 규정이 없거나 불충분하면 내부 커뮤니케이션이 단편적으로 운영되고, 정보가 계속 전달되지 않고, 담당자에게 제때에 전달되지 않거나 충분히 전달되지 않게 된다. 내부 커뮤니케이션의 조직상의 장해는 표현과 정도에 따라서 직원들에게 불안감, 정체성 상실, 파괴적 행동, 수동적 저항감, 부재 심리, 높은 동요감 등을 불러일으킬 수 있다. 조직상의 장해에 대한 원인은 무엇보다도 :

- 경영진에서의 합의 부재 : 내부 커뮤니케이션의 의미에 대한 서로 다른 생각은 단일한 대책 계획에 방해가 된다.
- 내부 커뮤니케이션과 외부 커뮤니케이션의 조율 부재 : 상이한 관할 부서는 내부적 외부적인 대책과 매체의 시간적, 형식적, 내용적 통합을 방해한다.
- 내부 커뮤니케이션 안에서의 조율 부재 : 상이한 과제 분야와 노하우의 부재는 내부 대책과 매체의 시간적, 형식적, 내용적 통합을 방

해한다.

- 내부 커뮤니케이션 담당자의 권한 부재: 잘못된 배치와 미약한 권한은 내부 커뮤니케이션의 신속하고 효과적인 실행을 방해한다.

조직상의 장해는 사원들의 언어 행동에 영향을 준다. 그러한 장해는 개개 직원과 전체 직원의 언어 행동에서 드러나고 부분적으로 내부 커뮤니케이션과 회사에 심각한 영향을 줄 수 있다. 언어적 차원에서 인식되고 기술될 수 있는 다양한 장해가 존재한다. 예를 들자면 위장된 언어행동과 언어적 모빙이 있다.

위장 언어행동

경영진에 의해 정직하고 투명하게 경영되는 회사에서도 자신의 업무 영역의 유지를 위해 언어적으로 경계를 구분하는 직원들이 있기 마련이다. 이러한 구분은 언어적 위장이나 언어적 불손 전략으로 실행될 수 있다.

첫 번째 경우에는 다른 사원을 거짓 진술이나 잘못된 진술로 속이거나, 덜 중요한 문제로 관심을 돌리거나, 잘못 전달하거나 지체하여 중요한 정보의 전달을 방해한다.

두 번째 경우에는 언어적 불손 전략을 사용하여 중요하고 약간 곤란한 문제들을 회피하려고 시도한다. 여기에는 예컨대 사람을 조롱거리로 만들거나 질문이나 진술을 웃음거리로 만드는 것 등이 있다. 이러한 언어적 불손 전략은 대부분 자화자찬의 쇼맨십과 "접근불가능성과 모든 것을 다 알고 있다는 식의 어떠한 영기(靈氣)"를 만들어내는 일을 동반한다. 이두 전략은 개개 직원들 혹은 직원 집단의 사내 영향력의 목표와 이해관계와 얽혀있다. 이들은 내부 커뮤니케이션의 흐름을 방해하고 회사에 부정적인 영향을 미친다.

경험적으로 증명되었듯이 특히 간부 사원들은 정보의 장벽과 커뮤니케이션의 장벽을 쌓는 경향이 있다. 직원들에게 정보를 전달할 용의는 하위 간부로 내려갈수록 작아진다(아래 표 참조).

직 책	정보전달 의무 감각	
	예:	아니오:
─경영진과 주요 부서장	80%	20%
─부서장	74,5%	25,5%
─계장, 반장 등	61,8%	38,2%

기초: 394명의 간부 사원   출처: Macharzina(1990: 153)

기업들은 상사들이 내부 정보와 커뮤니케이션의 중심으로서의 자신들의 중요성을 인식하고 자신들의 행동을 그에 걸맞게 맞추어 나가도록 특히 하위직 간부 사원 차원에서 더 확신을 갖도록 하는 작업을 진행시켜야 한다. 그들이 정보 전달 임무를 수행하지 못하면 회사의 투명성과, 전체 정보 흐름 상태에 결정적인 영향을 받는다.

언어적 모빙(mobbing)

모빙(mobbing)이라는 개념은 1980년대에 노동학자 Leymann에 의해 시작되어 90년대 초에 널리 유포되기 시작했다. 모빙은 상사나 직원들의 체계적으로 행해지는 적대적이고 괴롭히고 결국 병나게 하는 행동이다. 모빙은 비언어적 모빙과 언어적 모빙으로 구분된다.

비언어적 모빙으로는 직급에 맞지 않는 업무 부여, 동료로부터의 공간적인 격리, 육체적 폭력과 성폭력 등이 있다. 이들 외에 다양한 언어적 모빙 행동이 있다. 이는 직접적 언어 모빙과 간접적 언어 모빙으로 구분될 수 있다. 직접적 언어 모빙에는 외모에 대한 끊임없는 비판과 다

른 직원들 앞에서 지속적으로 방해하거나 웃음거리로 만드는 등의 일과 같이 직원들에게 직접적으로 실행된 언어적 공격이 있다. 간접적 언어 모빙에는 소문의 유포, 상사한테 비방하기, 악의적인 중상모략 등과 같이 제3자를 통해 실행되는 언어적 공격을 들 수 있다(아래 표 참조).

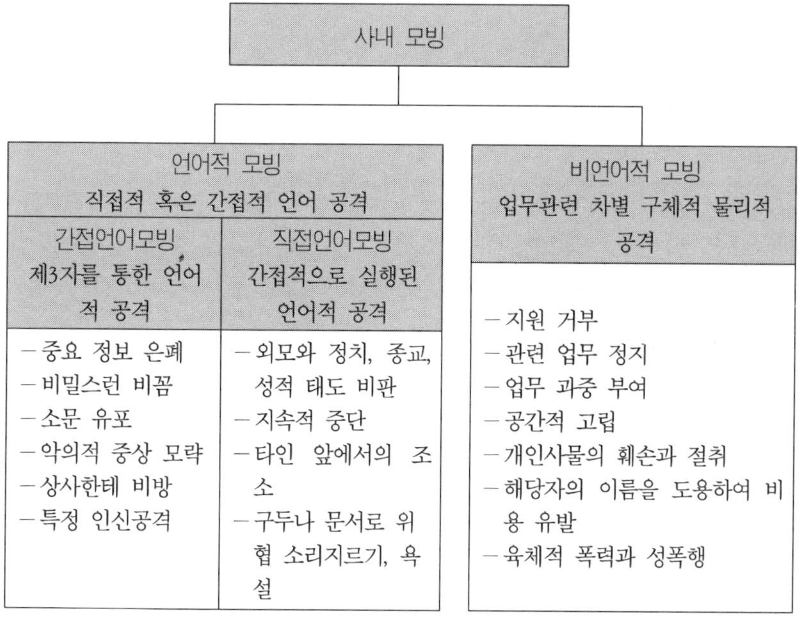

이 모든 행동은 사내의 다른 갈등 행동과는 달리 그 규칙성, 지속적인 상승, 행동 범위의 감소, 피해자의 정신 신체상의 질병 또는 정신병의 유발 등의 특성을 보인다. 이런 행동들을 발견하는 것은 극히 어려운데, 그 이유는 대부분 피해자의 발병에 이르기까지 증명할 만한 흔적을 남기지 않기 때문이다.

모든 형태의 모빙에 대항하는 최상의 수단은 투명성과 대화 지향적 내부 커뮤니케이션이다. 정직한 풍토가 정착된 기업에서는 모빙이 발붙일 온상이 적다. 더군다나 각 부서 회의에서 모빙에 대한 주제로 토론, 직원 잡지에 기사 작성, 정기적으로 실시되는 직원 설문조사 또는 불평

신고함 등과 같은 내부 커뮤니케이션 정책들은 모빙을 추방하거나 아예 발생하지 않도록 하는데 도움이 된다.

예외 상황에서의 내부 커뮤니케이션

회사의 일상에서의 다양하고 까다로운 임무 외에 내부 커뮤니케이션에게는 예외 상황에서 하나의 특별한 의미가 부여된다. 인수, 매각, 합병과 같은 기업 구조 조정에서 내부 커뮤니케이션은 추가적인 성과를 요구받는다. 하지만 심각한 결과를 가져오는 경영진의 잘못된 의사 결정, 사고나 스캔들과 같은 회사의 위기에서는 내부 커뮤니케이션은 하나의 특별한 시험에 노출된다(아래 표 참조).

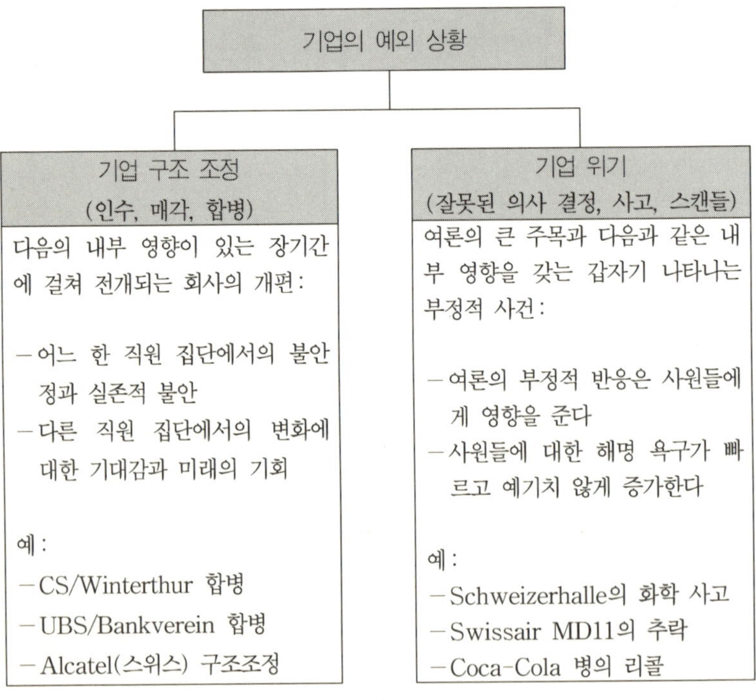

구조 조정

기업은 구조 조정이 되고, 부서들은 통합된다. 회사의 일부는 옮겨지고, 폐쇄되거나 매각되고, 기업은 합병된다. 기업의 대표 차원에서 새로운 전략을 개발하고 구조를 개편한다. 기업의 존속을 확보하고 기업을 새로운 성공으로 이끄는 일이 문제인 것이다. 이때에 정보와 커뮤니케이션에 대한 직원들의 욕구가 흔히 소홀하게 되어서 갈등이 생기게 되며 이는 대개 여론으로 불거져 간다.

합병이나 구조 조정 초기에는 불안감이 팽배하기 마련인데, 왜냐하면 그런 일은 늘 잘려져 나가는 부분이 있으며 직원들에게 큰 정신적 부담이기 때문이다. 부서들이 합쳐지거나 폐쇄되기 때문에 많은 사원들은 자신들이 익숙했던 사회적 환경으로부터 유리된다. 다른 직원들은 기대했던 성공의 기회에 배신당했다고 생각할 것이고 혹은 자신의 직장이 위험하다고 생각하여 실존적 불안이 일어날 것이다. 하지만 동시에 변화에 대한 기대감도 일어날 것이고 새로운 가능성과 기회를 기대하는 직원들도 있을 것이다.

내부 커뮤니케이션의 과제는 사용할 수 있는 모든 수단을 동원해서라도 사원들이 변화에 대처하도록 도와주는 것이다. 왜냐하면 변화가 해당 사원들에 의해 거부되느냐 아니면 받아들여지느냐 하는 것은 무엇보다도 개편된 회사 내에서 새로운 근로 상황과 자신의 미래의 기회에 대한 평가에 대한 기대에 좌우되기 때문이다. 소문이 돌기 시작하면 당사자들은 다가올 개편 사항들을 자신의 일자리에 관련시키고 변화에 대한 자신만의 그림을 만들기 시작한다. 그렇다면 어떠한 시기에 직원들에게 구조 조정 조치에 대해 알려주어야 하고, 이런 것은 어떠한 톤으로 그리고 어떠한 매체를 통하여 이루어져야 하나?

커뮤니케이션 활동의 기간

경영진이 개별적인 개편안들을 계획하고 간부사원 차원에서 토의하고 그리고 나서 이런 조치들을 갑작스럽게 도입하여 직원들을 놀라게 하는 일들은 구조 조정 과정에서 흔히 관찰할 수 있다. 기업들은 분명히 아직 진행 중에 있는 일에 사원들을 끌어들이는 것을 힘들어한다. 일반적으로 모든 것이 분명해지고 결정되면 통보되는데, 직원들에게는 이는 너무 늦은 것이다. 이러한 상황에서의 모든 종류의 커뮤니케이션은 원칙적으로 일정한 위험이 도사리고 있지만 커뮤니케이션을 포기하는 경우에도 마찬가지이다. 왜냐하면 개편 과정으로 미숙하게 접근해 들어가는 것은 다음과 같은 결과를 초래한다.

- 개편 과정에서 직원들의 갈등 잠재력이 높아지고
- 개편 사항들에 대한 객관적인 이유를 받아들이는 전 직원의 자발성이 낮아지고
- 직원간의 간계한 인간 관계 잠재력이 증가하고
- 환상과 소문을 변화에 결부시키고 불안과 불안정이 많아진다.

따라서 간부 사원들과 직원들을 의사 결정을 내리려는 여러 단계에 참여하게 하고 통합시키는 것이 의미가 깊을 것이다. 그들과의 대화는 기업의 구조 조정 전후와 진행 중에도 도모되어야 한다. 전 직원들에게 이미 구조 조정의 초기 단계에서부터 그 목표, 과정, 조치에 대해 알려야 한다. 세심하게 설명되지 않은 변화는 불쾌감과 잠재적인 근심을 키울 뿐이다. 이에 대한 결과는 개혁에 대한 불안과 거부인 것이다.

구조 조정 단계의 전과 진행 중에 나타나는 이러한 불안을 감소시키는 하나의 가능성을 80년대 중반에 독일의 휘포 은행(Hypo-Bank)의 구조 조정이 잘 보여주고 있다. 휘포 은행은 해당 사원들이 자신들의 불안, 걱정, 의심을 다 털어놓고 모두 함께 해결책을 찾은 워크숍을 개최했다. 직원들은 근로 상황의 개선을 위한 약 350여 개의 해결 방안을 다

듦어 이사진에게 제시했고 구조 조정 과정에 반영되었다.

　　구조 조정 과정에서 한번 시작된 커뮤니케이션 과정은 중단되어서는 안 된다. 전략의 변경, 새로운 조치, 변화된 포괄 조건들은 계속해서 직원들에게 설명되어야 한다. 마찬가지로 직원들도 이를 통해 발생하는 변화에 대해 방향을 잡고 있어야 한다.

　　구조 조정의 마무리 단계에서도 내부 커뮤니케이션은 중요한 의미를 지닌다. 많은 경우에 있어서 직원들은 프로젝트가 끝난 뒤에도 앞으로의 진행 상황에 대해 방향을 짐작할 수 없게 된다. 개편 작업은 너무나 힘이 들고 경영진과 간부진이 그 작업이 끝난 후에 숨을 내쉬며 프로젝트가 다 끝났다고 생각할 정도로 여러 가지로 그들의 혼을 빼놓는 일이다. 이때 커뮤니케이션 작업이 적기에 시작된다. 비싼 값을 지불한 구조 조정이 마무리 작업이 없어서 위험에 처한다는 것은 유감 천만이다. 그 마무리는 지속적이고 미래 지향적인 내부 커뮤니케이션이 담당한다.

커뮤니케이션 활동의 종류

　　기업의 구조 조정 단계에서는 시간적인 통일성 외에도 내용적인 통일성이 추구되어야 하며 개방되고 진실하며 신뢰를 형성하는 내부 커뮤니케이션이 운영되어야만 한다. 왜냐하면 경영진과 간부진에 대한 신뢰성은 구조 조정 단계에서 특별한 무게를 지니기 때문이다. 한번 구축된 신뢰 관계는 직원들을 위한 전략이 투명하고 실감 있게 소통되고, 직원들이 그 과정에 포함되어 있으며 회사가 사회적 책임을 중요하게 받아들이고 있다는 느낌을 가진다면 구조 조정 동안의 소란도 극복할 수가 있다.

　　경영진은 바로 변화의 과정에서 사원들로부터 인정과 지원을 얻어내는 경우에만 상위의 목표와 임무를 달성할 수가 있다. 사원들은 회사의 장기적인 안정과 그와 결부되어 고객과 납품업자와 자신들의 일자리를 위한 통합이 어떠한 의미를 갖는지를 이해할 수 있어야만 한다. 그래야 사원들이 경영진의 목표를 따르고 그 목표를 실행하는데 도움을 준다.

구조 조정 동안에 근본적으로 중요한 것은 긴장되고 갈등을 배태한 상황에 어울리는 음조를 찾아내는 일이다. 막중한 결과를 가져오는 정보의 전달에 있어서는 신중하고 지속적인 과정과 사원들의 근본적 태도와 신념에 합치하는 논증이 필요하다. 중요한 것은 구조 조정의 목표뿐만 아니라 구조 조정의 의의와 의미가 재차 전달되고 직원들의 질문에 다음과 같은 답변이 마련되는 것이다:

- 내 일자리는 보존되는가?
- 개혁은 내 업무에 어떠한 영향을 끼치는가?
- 내 부서는 개혁에 특별히 해당되는가?
- 새로운 것에 잘 대처할 수 있을까?
- 사태에 따라 나는 무엇을 더 배워야 하나?
- 회사측에서는 나를 어떻게 도울 것인가?
- 내가 회사 내에서 다른 업무를 맡은 가능성은 있는가?

내부 커뮤니케이션과 외부 커뮤니케이션의 내용은 서로 조율되어야 한다. 회사 안에서 획득한 정보는 공공 미디어의 정보와 일치하여야 한다. 미화하거나 감추거나 오도하는 내부 공고는 그렇지 않아도 강화된 긴장의 폭발로 쉽사리 이어질 수 있으며 직원들의 불만, 저항 또는 파업, 대량 이직으로까지도 이어질 수 있다. 은폐된 내부 커뮤니케이션은 그러한 시기에는 오래 가지 못하며 외부 저널리스트들이 모순과 약점들을 발견하거나 문제가 있는 회사의 영역들을 들여다보게 되면 밝혀지게 된다. 은폐하거나 속이려는 말들은 사원들의 저항에 직면하거나 회사에 대한 거부로 이어진다.

커뮤니케이션 활동의 매체

구조 조정 단계에서 사용되는 내부 매체는 기술된 시간적, 내용적인 통일성을 인식하고 실행할 수 있어야 한다. 왜냐하면 특히 내부 매체의 통합과 집중은 통일적이고 포괄적이며 투명한 변화 과정으로 이어지기 때문이다. 이 같은 점은 두 개의 구조 조정 프로젝트와 그와 관련된 매체의 성과로 밝혀질 것이다. 독일 쓰리엠(3M)과 스위스의 알카텔 아게(Alcatel AG)의 구조 조정이 바로 그것이다.

독일 쓰리엠(3M)은 1988년 자동차수리 사업분야의 전반적인 구조 조정을 실시했다. 이 분야에서는 샌드페이퍼, 화학제품, 접착제, 마스크 등 자동차의 정비와 수리를 위한 500여 종의 제품을 생산하고 있었다. 이런 제품의 판매는 주로 남성 외근 직원들에 의해 자동차 정비업소에서 이루어졌다. 수년간 매출은 제자리걸음이었다. 외근 직원들은 자신들의 임무를 서비스 정신이 필요 없는 제품 판매원으로 이해했다. 이에 발맞추어 상담의 질은 낮았고, 그들에게는 필요한 기업 정보와 충분한 대화 운영 지식이 부재해서 경쟁 회사와 거의 차별화 되지 않았다. 경영진은 이런 상황을 의식하고 동시에 이 분야가 이윤을 창출하도록 운영될 수 있다는 점을 확신했다. 경영진은 컨설팅 회사로 하여금 세부 분석을 실시하도록 했고 여러 내부 커뮤니케이션 매체를 동원하여 구조 조정을 시작했다.

그 시작은 일과 후에 그 분야의 전 직원이 함께 하는 "Kick-off-Seminar"가 장식했다. 이 회의를 통하여 새로운 시작이 체험될 수 있는 것으로 만들어졌으며 직원들은 처음부터 구조 조정 과정에 함께 참여하게 되었다. 해당 분야에서 현재와 미래의 직책이 정해지는 직책 배치 모델이 공동으로 완성되었다. 이 모델을 근거로 해서 구조 조정된 분야의 과제와 목표설정을 담고 있는 "Mission-Statement"가 다음과 같이 작성되었다 :

우리의 임무는 사람들을 도와주고 자동차를 수리하는 것이다. 우리 관심의 한가운데는 고객이 차지한다. 우리는 고객에게 귀 기울이고, 고객의 문제를 파악하여 그 문제를 해결하도록 고객을 돕는다. 모든 직원은 전문 능력이 있으며, 신뢰성이 있고, 언제든지 연락 가능하다. 우리는 가능한 최소한의 정신적이고 시간적인 비용을 투입하여 가능한 최상의 질적 수준으로 이 임무를 처리하는 방법을 알고 있으며 개발한다. 우리는 업무 과정에서 생겨나는 건강상의 문제를 최소화하도록 돕는다.

"Kick-off-Seminar" 이후에 이렇게 만들어진 기본 조항은 여러 가지 조치들로 실행에 옮겨졌다. 외근 직원들은 제품 교육 외에도 판매대화 훈련을 받았고, 직원 잡지에 중요한 요점들이 재차 실렸고, "Report to the Employees"를 통해 이 프로젝트의 결과, 성공, 어려움에 대해 직원들에게 직접 통지되었으며, "Family Day"에는 가족들과 친지들이 구조 조정된 사업 분야에 대한 새로운 인상을 가질 수도 있었다. 직원들을 Kick-off-Seminar에 조기에 그리고 전반적으로 참여시킨 점에 이 구조 조정의 특별한 의미가 부여되었다. 이를 통해 경영진은 직원들의 말에 귀 기울이고, 그 과정을 공동으로 꾸려나가려 한다는 자세가 마련되었다는 것을 알린 셈이다. 내부 매체의 결합과 통합 그리고 하나의 목표를 향한 일관된 방향 설정이 특히 돋보였다. 매체의 통합 이외에 스위스의 알카텔 아게(Alcatel AG)가 인상깊게 보여 주듯이 매체의 집중도 중요한 의미가 있다.

스위스의 텔레커뮤니케이션 회사인 알카텔 아게(Alcatel AG)는 1996년 전화 분야에서 당시의 주고객인 텔레콤 피티티(Telecom PTT)의 퇴출로 인해 심각한 손실을 기록해야만 했다. 대량 감원(1,500 가운데 500개의 일자리가 축소되었다)에 당시 부서장은 커뮤니케이션 공세로 대처했다. 그는 알카텔 모기업의 명령을 무시하고 직원들에게 지속적이고 투명하게 회사의 개별 개혁 조치들을 알려주었다. 지금까지 사용된 다수의 내부 매체 대신에 4개의 매체에만 집중했다: 이메일, 직원 잡지, 소식지, 직원들의 개인 주소로 보내지는 부서장의 개인 서신, 이 서신에서 부서장은 프로젝트는 어떠한 상황이고 어떠한 조치들이 취해져야 한다는 점들을 설명했다. 총 69종의 내부 지시 사항은 전부 4종으로 대체되었고 커뮤니케이션 컨셉은 다음의 5개의 주요 골격으로 정해졌다:

- 타협 없는 정직함이 갖는 장점은 다른 단점들을 훨씬 더 압도 한다.
- 사람들이 무엇인가를(아직) 모르고 있다는 것도 소통되어야 한다.
- 지체 없는 커뮤니케이션은 소문을 저지한다. 왜냐하면 모든 정보의 공백은 항상 그리고 신속하게 사견과 추측, 우선적으로 부정적인 것으로 채워지기 때문이다.
- 모든 커뮤니케이션은 논리가 정연해야 한다. 이미 말해진 사항에 대한 언급도 오랜 시간이 지나도 쉽게 추적할 수 있어야 한다. 이를 통해 여러 조치들에 대한 이해와 수용이 현저하게 높아진다. 이는 중요한 전략과 비전들이 소통될 때에만 일어날 수 있다.
- 내부 커뮤니케이션은 리더의 문제이다.

기업 위기

심각한 결과를 가져오는 매니지먼트의 잘못된 의사 결정이나 사고 또는 스캔들과 같은 기업의 위기 상황에서 내부 커뮤니케이션은 특별한 과제를 인지해야 한다. 그러한 상황에서는 직원들에게 신속하고, 사실대로, 이해될 수 있게 소식을 전해야 한다. 통지는 즉시 실행되어야 하는데 매니지먼트는 그에 대한 결단을 다른 사람에게 위임해서도 안되며 더 큰 손실을 피할 수 있기 때문이다. 통지는 사실대로 이루어져야 하는데 사내에서 자주 접할 수 있는 "미화"는 이런 상황에서는 더 많은 불안과 동요를 불러오기 때문이다. 마찬가지로 어떤 조치나 상황을 복잡하고 이해할 수 없게 전달하면 직원들의 혼란과 의심을 야기 시킨다.

조치들을 실행하는데는 속도가 특히 결정적이다. 위기는 시간적으로 압박을 가하며, 대응책을 펼 수 있는 시간 폭은 제한되어 있다. 위기가 계속해서 첨예화되면 될수록 선택할 수 있는 행동 대안은 사라져가며 위기 극복에 더 많은 노력이 요구된다.

위기 상황에서의 행동은 계획하는데 이용될 수 있는 시간이 짧다는 것을 의미한다. 이와 더불어 행동의 결과를 계산하고 변수들을 검토할 수 있는 가능성이 축소된다. 위기에서는 비상 대책 위원들을 훈련시키고, 서류를 작성하고, 대화 상대자의 주소록을 취합하거나 전략과 대책들을 마련할 시간상의 여유가 없다. 이런 점들은 미리 마련되어야 하고 위기 시에는"단추만 누르면" 실시될 수 있어야 한다. 그러면 내부 커뮤니케이션은 이런 상황에 대비하여 어떻게 준비될 수 있는가?

회사의 위기에서 나타나는 시간적 압박 하에서 커뮤니케이션이 실패하지 않기 위해서는 훈련되고 언제든지 실시될 수 있는 커뮤니케이션 상의 비상계획이 세워져 있어야 한다. 독일의 쓰리엠(3M)은 위급한 경우에 내부적으로도 대비하기 위해 정기적으로 소위 "Intern Trainings Crisis Communication"을 모든 책임자들과 미디어 담당자들이 함께 실시하고 있다. 비상계획은 그러한 상황의 특수한 포괄적 조건들을 참작해야만 한다. 위기에서는 뜻밖의 사건들이 미리 계획된 구조들을 파괴하므로 늘 고도로 불투명한 문제 상황이 발생한다. 이런 불투명성은 다른 요인들에 의해서 심화된다. 위기는 보통 기업의 여러 분야에 해당되고 위기의 원인은 서로 복잡한 상호작용 속에 있다. 위기는 항상 첨예화되고 높은 자기 역동성이 높다. 비상계획은 이런 사실들을 고려해야 하고 위급한 경우에서 실행될 수 있어야 한다. 비상계획의 사내 실행에 있어서는 경영진이 커뮤니케이션 전문가와 함께 정기적으로 직원들에게 대책 현황과

　기업 내부 커뮤니케이션

계속되는 위기에서 빠져나오는 출구를 보여주는 비상 토론회가 실시되어야 한다. 이런 경우에 미래의 구체적인 조치들을 알리는 것과 직원들의 질문에 답할 수 있는 능력에 가장 큰 우선 순위가 부여된다.

비상계획의 수립이나 외부 커뮤니케이션 컨설턴트의 컨설팅을 통한 위기 상황 준비는 이미 너무 늦게 착수하였거나 또는 회사가 이 분야에서 부정적인 경험을 거치고 미래에 준비하려고 하는 다음에나 이루어지고 있다는 것이 얼마 전까지도 실제에서 밝혀졌다. 스위스 항공 MD11이 Halifax에서 추락한 것이 이러한 태도의 전환을 가져왔고 그와 더불어 당시까지 스위스에서 찾아볼 수 없었던 에스에어그룹(SAirGroup) 사내 커뮤니케이션 부서는 포괄적인 내부·외부 커뮤니케이션 성과를 이루어 냈다. 그들의 투명하고 정직하고 적극적이고 활동적인 커뮤니케이션으로 인해 회사는 회사의 역사상 최대 위기를 잘 넘겼을 뿐만 아니라 추가적으로 주민들과 직원들의 호의를 얻게되는 일까지 달성했다. 그 위기 이후에 150여 개가 넘는 기업들이 에스에어그룹(SAirGroup)에게서 그 경험을 배우려고 했고 위기 커뮤니케이션에 대한 강연과 보도를 요청하였다. Halifax 위기에서 행해진 커뮤니케이션 작업은 에스에어그룹(SAirGroup)에게 약 1,000,000 유로의 비용을 지불하게 했지만 신뢰성과 이해를 폭넓게 달성했고-위기 상황에서는 이례적으로-긍정적인 내·외적 회사 이미지 형성에 공헌을 했다.

2001년 10월에 있은 스위스 항공의 재해도 상당한 커뮤니케이션 작업이 이루어졌던 것에 아무런 영향을 주지 못했다.

2 내부 커뮤니케이션은
실제로 어떻게 기능하는가?

1998년 실행된 다음의 연구 결과는 국제적인 대기업들의 내부 커뮤니케이션에 대한 현황을 제공해 준다. 커뮤니케이션 담당자들과의 규격화된 전화 인터뷰와 직원 잡지의 사설에 대한 텍스트 분석으로 내부 커뮤니케이션에 어떠한 의미가 부여되고 실제로 내부 커뮤니케이션이 조직상으로나 언어적으로나 어떠한 발달 상황에 처해있는가가 확인되었다. 이 연구는 학문적인 근거에 의해서 실시되었고 대기업에 대한 대표성을 지니고 있다. 연구 결과는 지금과 같은 형식이나 비슷한 형식으로 대부분의 회사에서 재발견되는 국제적인 현실에도 손쉽게 적용될 수 있다.

약 2/3에 해당하는 기업들이 내부 커뮤니케이션을 내부 정보로 운영하고 조직 차원은 물론 언어적 차원에서도 대화상의 결핍을 보이고 있다고 원칙적으로 말할 수 있다. 기업들은 내부 커뮤니케이션을 대화적으로 운영할 수 있는 필수적인 조직 구조도 그리고 이에 걸맞는 언어 컨셉도 갖추지 않고 있다. 모든 대기업 가운데 1/3정도만이 직원들을 경영진의 의사 결정 과정에 같이 참여시키고 있으며 기업의 의사 결정에 대한 이유를 알리고 있는 실정이다. 또한 직원들은 자신들의 의견, 아이디어, 희망 사항 혹은 걱정거리에 대한 질문을 거의 받고 않고 있으며, 인간적이고 사회적인 접촉도 미미하게 추진되고 있다.

조직 연구

제1차 연구 단계에서는 대기업 커뮤니케이션 담당자와의 전화 인터뷰를 통해 내부 커뮤니케이션 조직이 확인되었다. 인터뷰 대상은 직원이 100명이 넘는 회사였다. 인터뷰에서 사용된 문서로 준비된 설문지는 연구 전에 수 차례 테스트되었다. 6개의 스위스 대기업의 커뮤니케이션 담당자와의 개인적인 인터뷰에서 질문들이 납득할만하고 15분~20분 안에 대답될 수 있을 것인지 검토되었다. 동일한 방법으로 두 번째 단계에서 설문지는 취리히 대학의 언어학자들과 시장 조사 전문가와 의견 조사 전문가와 함께 편집 작업이 이루어졌다.

이때 설문지가 조직(임무, 책임자, 매체 등)과 내부 커뮤니케이션에 대한 태도(의미, 개선책 등)에 대한 모든 관련 주제 분야를 모두 담고 있는지에 유의하였다.

<table>
<tr><td>파트 I</td><td colspan="2">내부 커뮤니케이션 조직</td></tr>
<tr><td>1.</td><td>귀하의 회사에 내부 커뮤니케이션 담당자가 있습니까?

한 명 .... □ 1→1a
여러 명 .... □ 2→1b
없음 .... □ 3→3</td><td></td></tr>
<tr><td>1a.</td><td>누가 귀하의 회사에서 내부 커뮤니케이션 책임자입니까?

(한가지만 대답하시오)
대표 .... □ 1
마케팅 디렉터 .... □ 2
인사 디렉터 .... □ 3
PR 디렉터 .... □ 4
광고 디렉터 .... □ 5
내부 커뮤니케이션 전문 매니저 .... □ 6
지금까지 언급되지 않은 인물 .... □ 7</td><td></td></tr>
<tr><td>2.</td><td>내부 커뮤니케이션 담당자의 임무는 무엇입니까?

직원 회의의 조직 .... □ 1
직원 잡지 운영 .... □ 2
직원 설문조사 실시 .... □ 3
간부진을 위한 커뮤니케이션 기반 마련 ...... □ 4
직원을 위한 커뮤니케이션 기반 마련 ...... □ 5
인터넷/인트라넷 운영 .... □ 6
사내 TV 운영 .... □ 7</td><td></td></tr>
<tr><td>2a.</td><td>다른 어떤 것이 언급되지 않은 내부 커뮤니케이션 담당자의 임무입니까?

____

_______________________________________</td><td></td></tr>
</table>

3.	귀하의 회사는 내부 커뮤니케이션의 임무와 목표가 정해져 있는 규정집이 있습니까? 예 .... ☐ 1→4 아니오 .... ☐ 2→5	
4.	어떤 형식으로 규정집이 있습니까? 문서화되어 상세하게 작성되어 있다 .... ☐ 1 문서화되어 일반적으로 작성되어 있다 .... ☐ 2 문서화되어 있지 않다 .... ☐ 3	
5.	귀하의 회사는 내부 커뮤니케이션 전문 담당 부서가 있습니까? 예 .... ☐ 1→5a 아니오 .... ☐ 2→6	
5a.	내부 커뮤니케이션 부서가 스태프 부서입니까? 예 .... ☐ 1→5b 아니오 .... ☐ 2→6	
5b.	내부 커뮤니케이션 부서의 직원 수는? 인원: .... ☐ 1	
6.	마케팅 부서의 직원 수는? 인원: .... ☐ 2	

		매우 중요	중요	덜 중요	중요치 않음	사용 않음
7.	귀하의 회사에서 다음의 내부 매체가 얼마나 중요합니까?					
	직원 잡지	☐ 1	☐ 2	☐ 3	☐ 4	☐ 5
	간부진 문서 정보	☐ 1	☐ 2	☐ 3	☐ 4	☐ 5
	직원 문서 정보	☐ 1	☐ 2	☐ 3	☐ 4	☐ 5
	인트라넷/인터넷	☐ 1	☐ 2	☐ 3	☐ 4	☐ 5
	이메일	☐ 1	☐ 2	☐ 3	☐ 4	☐ 5

		매우 중요	중요	덜 중요	중요치 않음	사용 않음	
7.	사내 TV	☐ 1	☐ 2	☐ 3	☐ 4	☐ 5	
	불평신고함	☐ 1	☐ 2	☐ 3	☐ 4	☐ 5	
	정보게시판	☐ 1	☐ 2	☐ 3	☐ 4	☐ 5	
	언론 동향	☐ 1	☐ 2	☐ 3	☐ 4	☐ 5	
	(회사에 대한 언론 보도 모음)						
	신입 직원을 위한						
	회사 서류	☐ 1	☐ 2	☐ 3	☐ 4	☐ 5	

7a.	귀하의 회사에서 언급되지 않은 다른 내부 매체가 있습니까?
	____
	____
	____

8.	귀사의 직원 잡지는 년 몇 회 발간됩니까?
	발간회수 : .... ☐ 1
	모른다 : .... ☐ 2

9. 귀사의 직원 잡지에 실린 다음의 정보를 귀하는 얼마나 중요하게 생각하십니까?

	매우 중요	중요	덜 중요	중요치 않음
새로운 임무에 대한 정보	☐ 1	☐ 2	☐ 3	☐ 4
신제품 도입에 대한 정보.....	☐ 1	☐ 2	☐ 3	☐ 4
회사 미래에 대한 정보제시..	☐ 1	☐ 2	☐ 3	☐ 4
개별 부서에 대한 소개........	☐ 1	☐ 2	☐ 3	☐ 4
사내 공석에 대한 정보........	☐ 1	☐ 2	☐ 3	☐ 4
직원들에 대한 새소식.........	☐ 1	☐ 2	☐ 3	☐ 4
일반적인 소식....................	☐ 1	☐ 2	☐ 3	☐ 4

10.	지난 3년 동안에 귀하의 회사에서 직원 만족감과 직원 동기에 대한 조사가 몇 번이나 있었습니까?
	조사회수 : .... ☐ 1
	모른다 : .... ☐ 2

<table>
<tr><td>파트 Ⅱ</td><td colspan="2">내부 커뮤니케이션 평가</td><td></td></tr>
<tr><td rowspan="2">11.</td><td colspan="2">

귀사의 내부 커뮤니케이션을 어떻게 평가하십니까?

(복수의 대답 가능)
신속하다.. □ 1
호감이 간다.. □ 2
투명하다.. □ 3
정보에 치중되어있다................................ □ 4
잘 구성되어있다..................................... □ 5
솔직하다.. □ 6
객관적이다... □ 7
무미건조하다.. □ 8
알기 쉽다.. □ 9
충분하다... □ 10
</td><td></td></tr>
</table>

<table>
<tr><td rowspan="5">12.</td><td colspan="4">귀사의 내부 커뮤니케이션 분야에서의 최적화에 대한 잠재력을 어떻게 평가하십니까?</td><td></td></tr>
<tr><td></td><td>매우
높음</td><td>덜
높음</td><td>높지
않음</td><td></td></tr>
<tr><td>직원 잡지 개선................</td><td>□ 1</td><td>□ 2</td><td>□ 3　□ 4</td><td></td></tr>
</table>

	매우 높음		덜 높음	높지 않음
직원 잡지 개선................	□ 1	□ 2	□ 3	□ 4
인터넷/인트라넷, 사내 TV 등과 같은 현대적 커뮤니케이션 도구도입................	□ 1	□ 2	□ 3	□ 4
경영진의 대 직원 정보 전달 흐름 개선................	□ 1	□ 2	□ 3	□ 4
경영진과 직원들간의 개인적 관계 개선................	□ 1	□ 2	□ 3	□ 4

13.

귀하에게 내부 커뮤니케이션에 대해 2개의 일반적인 질문을 더 드립니다.
다음의 진술들에 대한 귀하의 생각은 어떠합니까?

	매우 적절	적절	덜 적절	전혀 적절치 않음
내부 커뮤니케이션은 직원들의 동기부여와 성취욕을 높인다...	□ 1	□ 2	□ 3	□ 4

		매우 적절	적절	덜 적절	전혀 적절치 않음
13.	내부 커뮤니케이션은 불필요하게 많은 비용을 허비한다..........	☐ 1	☐ 2	☐ 3	☐ 4
	내부 커뮤니케이션은 갈등을 감소시킨다.....................	☐ 1	☐ 2	☐ 3	☐ 4
	내부 커뮤니케이션은 미래 경쟁력의 한 요소이다.....................	☐ 1	☐ 2	☐ 3	☐ 4

14.	귀하는 미래의 내부 커뮤니케이션에 어떠한 의미를 부여하시겠습니까? 어떠한 비전을 가지고 계십니까? __________________________________ __________________________________ __________________________________ __________________________________ __________________________________ __________________________________ __________________________________ __________________________________

파트 Ⅲ | **통 계**

마지막으로 통계 활용을 위해 개인 신상과 회사내의 직위에 관련된 질문을 드리겠습니다.

귀하의 나이는?

    35세 이하.......................... ☐ 1

    36〜49세.......................... ☐ 2

    50세 이상.......................... ☐ 3

	귀하의 최종 교육 경력은?	
	직업학교... ☐ 1	
	중학교... ☐ 2	
	대학... ☐ 3	
	광고 매니저... ☐ 4	
	마케팅 기획자... ☐ 5	
	마케팅 매니저... ☐ 6	
	박사... ☐ 7	
	MBA... ☐ 8	
	다른 과정 :	
	귀하의 직급은 어느 수준입니까?	
	고위 간부... ☐ 1	
	중간 간부... ☐ 2	
	하위 간부... ☐ 3	
	평사원... ☐ 4	

귀사의 직원 잡지를 저희에게 한 부 보내주실 수 있습니까?

설문에 응해 주셔서 대단히 감사 드립니다. 안녕히 계십시오.

회사 :	설문대상인	설문자
	이름 :	이름 :
______	직위 :	날짜 :
______	Tel. :	시간 :
______	홈페이지 :	
업종 :	지역 :	직원수 :

언어 연구

두 번째 연구 단계에서는 직원 잡지의 사설을 텍스트 언어학적으로 분석하여 내부 커뮤니케이션의 언어를 연구하였다. 텍스트 분석을 통하여 구체적인 텍스트에서 내부 커뮤니케이션의 대화 결핍이 있는지 그리고 얼마나 되는지가 판명되었고, 집필자들의 커뮤니케이션 의도가 어떠한 맥락에 처해 있는지도 알게 되었다.

언어 연구를 위해 직원 잡지가 선택되었는데 그 이유로는 대부분의 대기업에서 발간되고 있고 내부 매체로서는 드물게 외부 인사에게도 공개되기 때문이다.

직원 잡지라는 내부 매체 내에서 비교 가능한 하나의 텍스트 유형을 분석할 수 있기 위해서 사설이 선택되었다. 사설은 실제 모든 직원 잡지에 나타나므로 해서 어느 특정한 텍스트 종류의 비교 가능성을 보장한다. 사설은 특히 직급이 서로 다른 인물들(경영진, 커뮤니케이션 담당자, 편집인)에 의해 집필되므로 집필자들의 여러 가지 커뮤니케이션 의도를 발견해낼 수 있다.

기업 선별

회사의 선별은 스위스 연방통계청(BFS)의 데이터에 근거하고 있다. 이 공식적인 데이터를 근거로 해서 독일계, 프랑스계, 이탈리아계 스위스 회사들을 아우르는 다층적 우연 무작위 추출 검사(할당 임의 추출 견본 quota sample)를 실시했다.

원칙적인 구분 특성으로는 직원 수이며, 2차적으로 회사의 직종에 따라 정해졌다. 제1차 배분은 200~499명의 직원이 근무하는 서비스업 회사와 제조업 회사와 500명 이상의 직원이 근무하는 제3차 기업이다.

기본총합으로부터 무작위 추출 검사를 통해 222개 회사가 선정되었고 그 가운데 156회의 전화 인터뷰가 실시되어 기본총합의 0.5%가 실행되었다(아래 표 참조). 배분 안에서의 퍼센트 차이는 인터뷰 거절과 커뮤니케이션 담당자와 연락이 이루어지지 않아서 나온 결과이다.

회사 종류	기본총합	실시된 인터뷰
100~299 사원	1738(56%)	68(44%)
200~499 사원	937(30%)	58(37%)
500 이상 사원	435(14%)	30(19%)
서비스업 회사	1655(53%)	99(63%)
제조업 회사	1455(47%)	57(37%)
총	3110(100%)	156(100%)

내부 커뮤니케이션의 조직에 대한 결과

소수의 대기업만이 대화적인 내부 커뮤니케이션 조직 구조를 갖추고 있다는 것이 연구를 통해 분명해졌다. 이 대기업들은 직원 설문조사를 하지 않아서 직원들의 태도와 욕구에 대해 전혀 알지 못하고 있다. 이들은 또한 인력 부족과 대화 매체의 결여로 인해 언급된 대화 지향적 임무를 실행할 수가 없다. 겨우 산발적으로 내부 커뮤니케이션 전문 매니저가 내부 커뮤니케이션에 대해 책임을 맡고 있을 뿐이다(아래 표 참조).

	책임자	책임자의 임무	내부 매체	직원설문 조사	내부컴 부서	내부컴 지침
결과	회사대표, 인사 책임자, 내부컴 전문 매니저가 책임자 아님	주임무는 경영진과 사원들 간의 대화 교류	대화 임무는 사용되는 정보 매체로 실행 불가능	전체 회사의 1/3만이 규칙적으로 직원설문 조사 실시	전체 회사의 1/3만이 내부컴 부서를 설치	대부분 회사가 내부컴에 대한 문서화된 지침
규모에 의한 차이	500인 이상의 회사는 PR책임자가 책임자	500인 이상의 회사는 인터넷/인트라넷이 더 중요함	500인 이상의 회사는 인트라넷/인터넷과 직원 잡지가 더 많이 사용됨	회사규모에 따른 균일한 답변	회사규모에 따른 균일한 답변	회사규모에 따른 균일한 답변
업종에 의한 차이	업종에 따른 균일한 답변	업종에 따른 균일한 답변	업종에 따른 균일한 답변	업종에 따른 균일한 답변	업종에 따른 균일한 답변	업종에 따른 균일한 답변

책임자

5개 가운데 4개의 대기업에서 경영진의 한 사람이 내부 커뮤니케이션에 대한 책임을 직접 담당하고 있다(전략 책임). 그 외에 특히 인사 책임자가 그보다 더 적은 수치로 PR 책임자와 마케팅 책임자가 내부 커뮤니케이션 실행의 책임을 지고 있다(실행 책임). 전문화된 매니저는 내부 커뮤니케이션의 경우에는 매우 드물다. 조사 기업의 2%는 내부 커뮤니케이션 책임자가 없다.

내부 커뮤니케이션 분야의 책임은 직급상 고위직에서 이루어진다. 이 분야에서의 변화와 개선은 경영진의 승인이 필요하다. 따라서 내부 커뮤니케이션 개선을 위해서는 1차적으로 경영진의 지지를 확보해야 한다. 조사된 156개 가운데 40개의 회사에서는 심지어 회사 대표가 내부 커뮤니케이션에 대해 유일하게 책임을 지고 있는 사람이다.

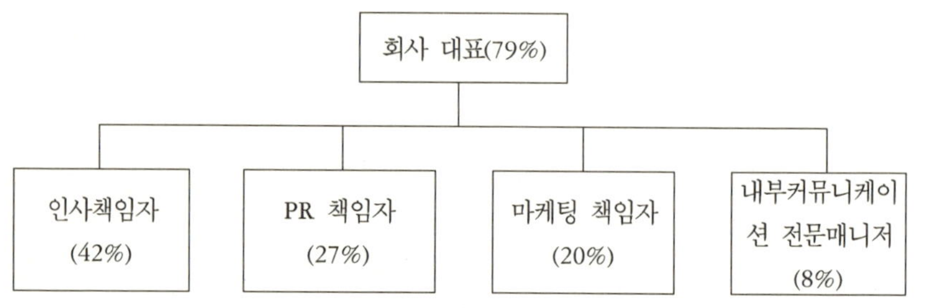

기초 : 156 커뮤니케이션 책임자

하지만 회사의 대표가 힘들고 다양한 과제를 맡아서 혁신 조치들을 규칙적으로 회사에 도입하는데 필요한 시간을 들일 수 있는지 의문이 든다.

내부 커뮤니케이션 실행은 대부분 인사, PR, 마케팅 부서장의 휘하에 소속되어 있으며 보잘 것 없을 만큼 소수만이 전문화된 내부 커뮤니케이션 매니저의 권한에 속한다. 전문가가 아닌 사람들이 커뮤니케이션 정책의 개발과 실행에서 전문 지식을 표명하고 내부 커뮤니케이션을 더욱 전문적으로 꾸려갈 수 있으리라 생각하는 것은 놀라운 일이다. 하지만 이러한 태도는 넓게 퍼져 있는 것으로 보이지는 않는다.

책임자의 과제

내부 커뮤니케이션(실행) 책임자의 주요과제로는 직원 행사 조직, 매니지먼트와 사원들의 커뮤니케이션 기반 마련, 직원 설문조사 실시 등이 있다. 그리고 인트라넷/인터넷과 직원 잡지를 통한 커뮤니케이션을 관리하는 것도 임무이다. 사내 TV 운영은 내부 커뮤니케이션 책임자의 중요한 임무로 평가되지 않고 있다.

내부 매체 사용

조사 기업에서는 내부 커뮤니케이션에 주로 경영진의 정보를 관리자와 사원들에게 전달하는 매체가 사용된다. 그 외에 특히 신입 사원용 서류, 게시판, 이메일, 인트라넷 등이 사용된다. 대기업의 반 이상에 불평 신고함이 설치되어 있다. 사내 TV는 대기업의 커뮤니케이션에 실질적으로 수용되지 않았다.

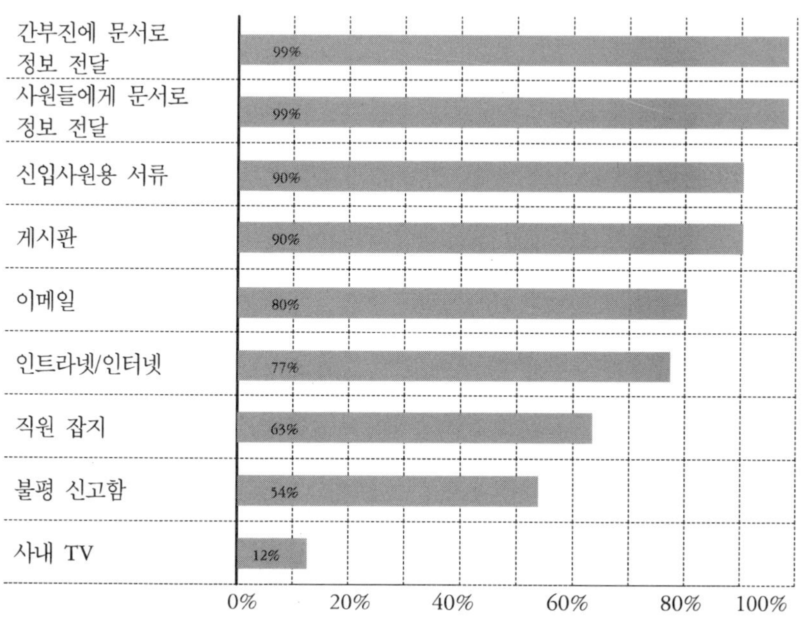

내부 커뮤니케이션에서 현대적 매체들이 얼마나 많이 퍼져있는지는 언급할 만하다: 조사 기업의 77%가 내부 커뮤니케이션에서 이미 인트라넷을 사용하고 있으며 80%는 이메일을 사용하고 있는 실정이다.

이에 비해 직원 잡지를 정기적으로 발행하지 않는 기업이 비교적 많다는 것은 놀라운 일이다: 전체 조사 대상 대기업의 37%는 직원 잡지를 발행하지 않거나 부정기적으로 발간하고 있다.

직원 잡지가 가장 널리 퍼져있는 내부 커뮤니케이션 매체라는 이론적인 확증은 본 연구에서는 확인되지 않았다. 직원 잡지를 이용하지 않는 기업의 높은 비율은 구상과 제작 그리고 생산 과정에서 비교적 많은 부담이 된다는 것에 그 이유가 있을 수 있다. 하지만 규칙적이고 회사 전체에 중요한 주제들을 수용하여 설명하고 직원들과의 대화를 제기하고 운영할 수 있는 매체를 포기하는 것이다.

과제 설정과 실행 사이의 관계는 사내 TV에서도 비슷한 실정이다. 내부 커뮤니케이션 담당자의 임무 영역에 이 매체의 운영이 3% 밖에 되지 않으며 실제로 매우 소수의 기업들만 사내 TV를 운영하고 있다 (12%). 500인 이상의 대기업이 대부분 이 새로운 매체로부터 득을 보고 있기 때문에 그 규모의 회사에서 가장 많이 운영하는 것으로 나타난다. 그렇지만 사내 TV를 이용하는 기업의 비율이 놀랄 정도로 작지만 Swiss Re나 SAir Group(Swissair)은 사내 TV 방송으로 성공을 기록했으며 여론의 주목을 받을 수 있었다.

언급된 과제들도 효과적으로 이미 존재하는 내부 매체로 실행될 수 있는지 여부가 의문이 든다. 과제들과 실제로 사용된 내부 매체와의 일치는 인트라넷/인터넷, 직원 잡지, 사내 TV에서 찾아볼 수 있다. 대화 지향적 과제와는 어떤 관계에 있는가? 직원 행사, 매니지먼트와 사원들의 커뮤니케이션 기반 조성, 직원 설문조사도 실제로 실행되는가?

이러한 과제들은 이용된 문자 정보 매체로는 실행될 수 없다는 점이 밝혀졌다. 우선적으로 이용되는 문자 정보, 신입 직원용 문서, 게시판 등은 경영진의 정보를 간부진과 직원들에게ㅡ즉 위에서 아래로ㅡ전달할 수는 있다.

직원들의 문제, 희망사항, 아이디어, 제안 등을 경영진에게 전하는 가능성을 제공하는 불평 신고함은 전체 회사의 약 절반 이상에서만 사용되고 있다. 하지만 이 매체는 경영진과 사원들간의 교류 과정을 유지하는데 중요한 구성 요소이다. 대화적인 내부 매체가 규모에 관계없이 그

리고 제조업과 서비스업의 모든 회사에서 부재하고 있다는 것이 확인될 수 있다.

직원 설문조사

커뮤니케이션 담당자들의 84%가 직원 설문조사의 실시를 사내에서 내부 커뮤니케이션의 과제라고 밝히는 것으로 조사되었지만 전체 회사의 1/3만이 최소한 1년에 한번 이런 조사를 실시하고 있다. 1/5이 넘는 조사 기업은 지난 3년 동안에 한번도 직원 설문조사를 하지 않았고 다른 50%에 해당하는 기업은 가끔 설문조사를 실시하고 있다.

많은 회사들이 설문조사라는 분석과 진단 도구의 많은 장점들을 포기하고 있다. 정기적으로 실시되는 설문조사는 직원들의 만족 정도와 흐름을 나타내주며 문제의 소지를 조기에 포착할 수가 있다. 또한 계획된 개혁의 수용 여부를 미리 검토해 볼 수도 있으며 이미 도입된 조치들의 성공 여부도 검증될 수 있다.

직원 설문조사는 경영진과 사원들간의 거리를 좁혀주기도 하며 직원 만족도를 높이는데 도움이 되고 내부 매체를 목표 그룹에 맞게 이용할 수 있게 해준다. 직원들의 태도와 욕구가 알려져야만 사원들에게 관련 내용을 전달하고 사원들에 의해서도 수용되는 매체들이 동원될 수 있다. 직원들의 태도와 욕구에 대한 지식이 없이는 어떠한 교류 과정도 진행될 수가 없다.

내부 커뮤니케이션 부서

전체 조사 기업 가운데 약 1/3에 가까운 업체가 전문화된 내부 커뮤니케이션 부서를 갖추고 있다. 하지만 직원들을 위한 중요한 많은 서비스를 인지할 능력이 있는 전문인력은 일반적으로 부족한 편이다.

전문화된 내부 커뮤니케이션 부서를 두고 있는 기업 가운데 87%는 해당 부서를 스태프 위치로 배치하여 경영진 직속으로 두고 있다. 이러한 경우에는 특히 발생하는 과제를 실행할 수 있기 위한 충분한 직원들이 근무한다: 100~199인 기업에서는 평균 한 명에서 두 명이, 200인 이상의 기업에서는 3명에서 5명이 내부 커뮤니케이션 부서에서 근무한다.

총평

실제에 있어서는 내부 커뮤니케이션은 큰 의미가 부여되고 있다. 실제로 조사된 전체 커뮤니케이션 전문가들 사이에 훌륭한 내부 커뮤니케이션은 직원들의 동기와 능력 향상에 긍정적으로 작용하고 부정적인 갈등 가능성을 감소시킨다는데 이견이 없다. 그리고 아직 다하지 않은 미래의 경쟁 요소로서의 그 중요성이 인식되고 확인되었다. 흥미로운 것은 내부 커뮤니케이션이 기업들에게 불필요하게 많은 비용을 들이게 하지는 않는다는 평가이다. 조사에서 4%만이 그렇다는 의견이었다. 왜 내부 커뮤니케이션이 운영되지 않고 있는가 아니면 불충분하게 운영되는가에 대한 설명 이론들은 재정적인 차원에서는 거의 찾을 수가 없는 것이다(아래 표 참조)

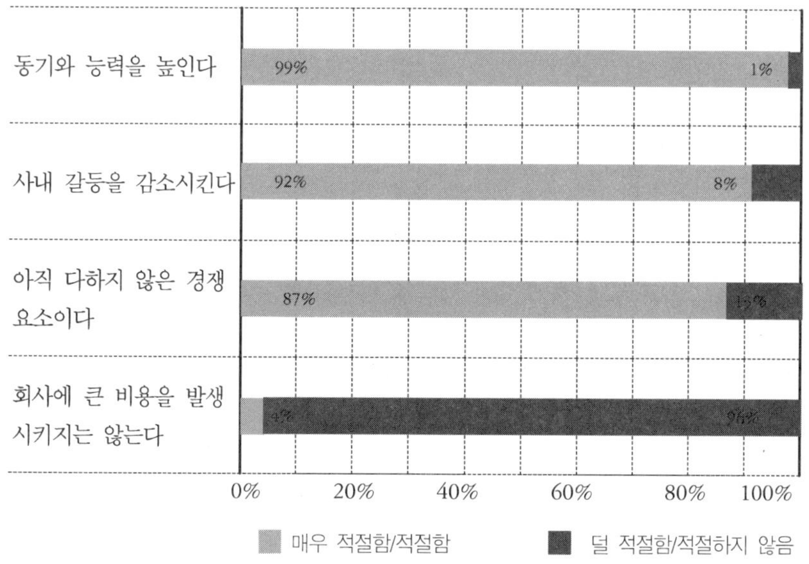

　내부 커뮤니케이션이 커뮤니케이션 책임자들에 의해서 매우 긍정적으로 평가되기 때문에 어찌하여 지금까지 전체 대기업의 약 2/3에서 내부 커뮤니케이션이 전문적으로 운영되지 않았는가 하는 의문이 든다. 책임자들은 자신들이 잘하고 있다는 느낌을 갖고 있는가? 아직 아무도 그들에게 부분적으로 심각한 부족함을 말해주지 않았나? 혹은 내부 커뮤니케이션을 강조하는 것이 커뮤니케이션 책임자의 예의라는 것을 알고있지만 효과적인 이용 방식을 아직 이해하지 못한 것은 아닐까? 그리고 그들은 최적화시키는 대책을 어떻게 평가하고 있는가?

최적화 대책 평가

　피질문자들은 내부 커뮤니케이션을 최적화시킬 수 있는 가능성을 우선 인트라넷/인터넷과 이메일과 같은 현대적 매체의 도입과 경영진과 직원들간의 정보 흐름을 개선하는 일에서 찾고 있다. 그 다음으로는 경영진과 직원들 사이의 개인적 접촉의 개선과 직원 잡지의 보완이 자리하고 있다(아래 표 참조).

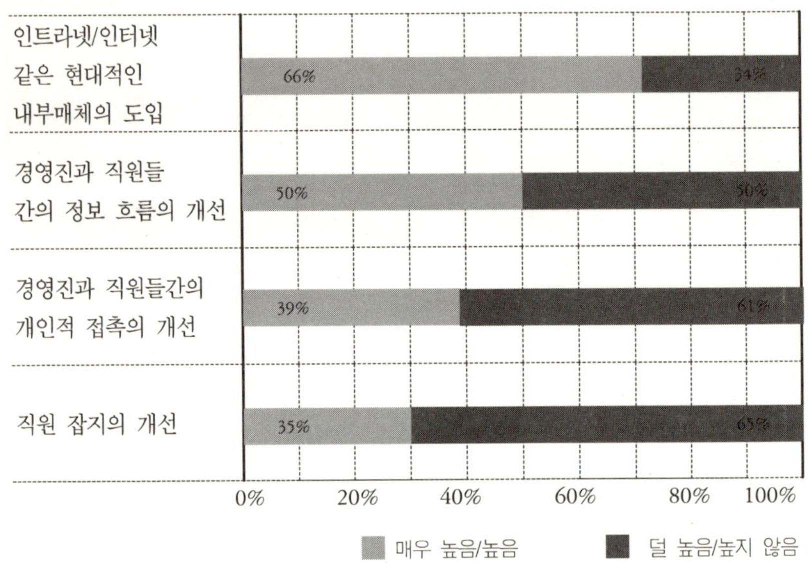

눈에 뛰는 점은 최적화 대책에 대한 일반적으로 유보적인 더 나아가 심지어 비관적인 평가이다. 내부 커뮤니케이션이 긍정적인 영향이 있다고 인정됨에도 불구하고 급한 일이 아니라고 여겨지며 어떠한 구체적인 행동의 필요성도 언급되지 않았다.

내부 커뮤니케이션의 일반적인 긍정적인 평가에 비하여 구체적인 최적화 대책들은 훨씬 더 비판적인 평가를 받았다. 특히 놀라운 것은 경영진과 직원들간의 개인적 접촉 개선과 관련하여 유보적인 평가가 나온 것이다. 따라서 이들간에 대화 지향적인 교류가 적극적으로 추구되지 않고 있다는 것이다.

또한 직원 잡지의 개선에 대한 부정적인 판단도 놀라운 것이다. 커뮤니케이션 담당자들은 현행 출간 방식에 만족하고 있는 것으로 보이며

그 분야에서의 최적화를 필요한 것으로 보고 있지 않고 있다. 최적화 대책에 대한 평가는 대화 지향적인 내부 커뮤니케이션을 운영하기 위해 꼭 필요한 혁신적인 아이디어와 이에 부합하는 노하우가 충분하지 않다는 점을 말해준다.

내부 커뮤니케이션 조직에 대한 중간 결과

대부분의 대기업들이 대화적인 내부 커뮤니케이션을 위한 조직상의 전제 조건들을 갖추고 있지 못하다는 것을 연구 결과는 보여주고 있다. 너무나 소수의 기업들이 직원들의 태도와 욕구를 알아보기 위한 직원 설문조사를 실시하고 있는데 이것은 경영진과 직원들간의 언어적인 교류의 토대가 결여되어 있다는 것을 말한다. 나아가 대부분의 대기업들에는 내부 커뮤니케이션의 다양한 과제를 실행할 수 있는 전문화된 부서가 설치되어 있지 않다.

또한 내부 커뮤니케이션 담당자들의 대화 지향적 과제는 현행 문자적 정보 매체로는 상당히 많은 부분이 실행될 수가 없다. 대부분의 대기업에는 현재까지도 정보 매체와 대화 매체를 아우르는 매체 인프라가 구축되어 있지 않다.

그리고 전문화된 커뮤니케이션 매니저에게도 너무 작은 권한이 주어지고 있다. 하지만 커뮤니케이션 매니저는 내부 커뮤니케이션을 대화 지향적으로 강력하게 이끌 수 있으며 경영진과 직원의 중재자로 역할을 할 수 있을 것이다.

전체 기업의 약 1/3만이 대화 중심적 내부 커뮤니케이션을 운영할 수 있는 조직상의 전제 조건을 충족시키고 있다. 이 기업들은 정기적으로 직원 설문조사를 실시하고 있고 직원들의 태도와 욕구에 대한 최신 통계 자료를 보유하고 있다. 특히 이 기업들은 내부 커뮤니케이션을 포괄적으로 실행하기 위한 내부 커뮤니케이션 지침, 기능적인 매체 구조, 내부 커뮤니케이션 부서의 필요 인력확보 등을 보여주고 있다(아래 표 참조).

목표 설정	실 행
직원들의 최신 태도와 욕구에 대한 지식	직원 설문조사
경영진의 동질성과 통일성	내부 커뮤니케이션 지침
인력과 구조적 포괄적 조건의 성립	내부 커뮤니케이션 부서, 내부 커뮤니케이션 매니저
목표 그룹에 맞고 전문적인 정보 매체와 대화 매체 운영	내부 매체 인프라
내부 커뮤니케이션의 상시적 최적화와 개선	외부 전문 인력과의 협력

여기에서 대부분의 기업들이 의식적이든 무의식적이든 대화적인 내부 커뮤니케이션을 포기하고 있지 않나 하는 의문이 생긴다. 그리고 기업들이 직원과의 교류를 의도적으로 추구하지 않으며 긍정적인 평가는 "립서비스(lip-service)"에 불과하거나 노하우가 없는 탓에 대화적 내부 커뮤니케이션을 운영하지 못하는 것이 아닌가하는 의문도 든다.

이런 점은 두 번째 연구 부분인 내부 커뮤니케이션의 언어 분석을 통해 밝혀지게 될 것이다.

내부 커뮤니케이션의 언어

내부 커뮤니케이션 언어에 관한 연구에서는 직원 잡지의 사설이 그 텍스트 구조와 기능에 관련하여 연구되었다.

이때 기본적인 구분 특질은 회사의 규모도 아니고 업종도 아니라

집필자의 직급이라는 것이 확인되었다. 세 가지 부류의 직원 잡지의 사설이 구분된다:

- 첫 번째 부류는 경영진의 사설이다. 경영진은 사설에서 사원들에게 회사의 변화와 발전 그리고 미래의 방향에 대해 알린다.
- 두 번째 부류는 커뮤니케이션 담당자의 사설인데 기업 커뮤니케이션의 과제와 책임이나 그에 대한 개별적인 도구들이 소개된다.
- 양적으로 가장 많은 세 번째 부류는 편집인들의 사설이다. 이 사설에서 편집인은 직원 잡지의 내용을 논평한다. 직원 잡지에 실린 기고문들은 대부분 사실에 중점을 두고 있으며 개인적인 입장이나 보충 없이 소개되고 있으며 서로 관련을 맺고 있다. 세 번째 부류의 몇몇 경우에는 회사와 직접 관련이 없는 사태를 주제로 하는 일도 있는데 예컨대 "성탄절"을 다루는 경우도 있다.

분석된 13종의 사설은 이 세 가지 부류에 속하며 텍스트 주제, 주제 전개, 대화 방향 등에 관련되어 기술된다. 이 사설들은 기본적으로 어떠한 특징들을 보여주고 있는가가 문제이다.

경영진의 사설

경영진의 사설은 구조적인 차원에서 통일적인 텍스트 주제가 특징이다: 회사의 발전과 그와 관련된 능률 향상 증가가 중심 주제이다.

능률 향상의 이유에서만 차이가 있을 뿐이다. 그래서 한 집필자는 시장에서의 수위 고수를, 다른 집필자는 일자리의 확보를, 또 다른 집필자는 변화된 세계 경제 사정을, 어떤 다른 필자는 변화된 법률적 규정을 기업 능률 향상의 근거로 내세우고 있다.

그 밖의 공통적 특질은 논증적인 주제 전개이다.

집필자들은 텍스트 주제가 대표하는 하나의 주장을 논거들을 통해 설명한다. 경영진의 사설은 특히 일부 복잡한 주제 위계가 특징을 이루고 있다.

　이러한 부류의 텍스트는 보통 각각 상이한 주제적 의미를 지니고 있는 여러 주제들을 포함하고 있다. 주제들의 순서가 생겨나는데 즉 상위 주제(주(主)주제 혹은 텍스트 주제)와 여러 부(副)주제들이 있는 주제 위계가 생겨나는 것이다. 텍스트 주제의 전략적 방향, 논증적 주제 전개, 일부 복잡한 주제 위계 등은 우리에게 집필자들이 훈련되고 구조적으로 사고하는 사람들이라는 첫 번째 힌트를 주고 있다.

　텍스트 기능적 차원에서 집필자에게는 1차적으로 직원들에게 알림이 중요하다. 하지만 여기서 그 의도는 매우 상이하며 여러 종류의 방향으로 설정된 알림 기능이 확인될 수 있다.

　어느 한 사설에서 집필자는 빠른 경제 동향의 서술을 통해 직원들을 위협하는 상황을 구축하려고 시도하고 있다. 다른 한 사설에서 집필자는 현재의 정치적이고 노동 법률적인 동향을 강력하게 지적하고 있다.

　이 두 텍스트에서 알림 기능은 사원들에 대한 각각의 집필자들의 설득 의도와 결합하고 있다. 회사 발전에의 호소는 무엇보다도 경영진을 위한 이득과 관련이 있지 직원들의 이득과는 관련이 없다. 텍스트의 의사소통적 기능은 은폐적인 알림 기능이라고 말할 수 있다. 경영진과 직원들간의 대화 교류는 추구되지 않고 완전히 무시되고 있다.

　다른 3종의 경영진의 사설은 투명한 근거 제시와 설명, 집필자의 개인적 입장, 직원들을 위한 긍정적인 미래상의 피력 등이 특징을 이루고 있다. 알림은 회사의 모든 임직원들의 이익을 위해 이루어지고 있다. 중심적 텍스트 기능은 투명한 알림 기능이라고 일컬을 수 있다.

　경영진은 직원들과의 언어적 교류를 제창하고, 사설에서 다른 대화 조처들을 제시하고, 사원들에게 회사의 개혁에 적극적으로 참여해 주기를 호소하고 있다.

커뮤니케이션 책임자의 사설

커뮤니케이션 책임자의 직원 잡지 사설은 구조적인 차원에서는 "기업 커뮤니케이션의 과제"라는 주제가 특징을 이룬다. 기업 커뮤니케이션의 과제 또는 그 도구인 광고, PR, 직접 마케팅 등은 사설의 중심을 이룬다.

집필자들은 자신들의 고유 활동의 의의와 목적을 설명하고 자신들의 임무 영역을 사원과 경영진을 이어주는 역할이라고 설명한다. 이들의 사설은 직원들의 정보에 목표를 두고 있다. 집필자들은 기업 커뮤니케이션의 테두리 안에서의 연관성을 밝히려고 노력하거나 비판적으로 그 근거를 묻고, 늘 이루어지지는 않더라도 독자들이 생각에 동참하도록 자극을 주는데 노력한다.

커뮤니케이션 책임자들은 이상적인 경우에 직원 잡지 사설의 집필에 최상의 전제 조건을 제공한다. 이들은 이론적으로 보아서 대부분 직급이 높아서 회사에서 "총체적 시각"을 갖추고 있으며, 기사 작성 훈련을 거쳤고, 사태를 명백하고 이해하기 쉽게 표현할 수가 있다. 그러나 일상의 현실은 대부분 이와 다르다. 집필자들은 엄격하고 수미일관 되게 주제를 유지하지 않으며, 논증은 이해가 쉽지 않고, 집필자들의 의도는 많은 경우 거의 알 수 없다. 회사와 직원과의 교류 과정을 유지하는 가능성이 대부분 이용되지 않는다.

편집인의 사설

편집인 사설의 텍스트 주제는 "직원 잡지의 내용"이다. 집필자들은 직원 잡지의 기고문들을 논평하는데 사설에서 논평의 대상이 되는 기고문의 선발과 자리 매김은 여러 방식으로 이루어진다. 몇몇 편집인들은 주관적인 근거에 따라 몇 개의 기고문을 선택해서 상세하게 논평하는가 하면, 다른 편집인들은 거의 모든 기고문을 연상적으로 배열하고 짤막하게 논평한다. 단 한 사람만이 논리적이고 구조적인 근거에 의거하여 선택 작업을 수행했다.

편집인 사설의 다른 공통점은 순전히 기술적인 주제 서술이라는 것이다. "직원 잡지의 내용"이라는 텍스트 주제는 부분 주제―직원 잡지의 개별 기고문들―에서 그리고 각각의 쪽수 또는 집필자 명기에 의해 서술된다. 사건의 기술은 사실 중심적이고 독자들은 추가적인 배후 정보를 별로 얻지 못한다. 각 사태는 비판적으로 배후의 질문이 이루어지지 못하고 사실 중심적으로만 전달될 뿐이다. 직원 잡지의 내용은 더 큰 맥락 속에 자리잡지 못한 채 다른 배후 정보나 새로운(비판적인) 시각과 연결되지 못하고 평가적인 입장 정리 없이 전달만 될 뿐이다.

그렇지만 산발적으로나마 편집인들의 사설도 아주 다른 텍스트 주제를 보여주고는 있다. 한 잡지에서는 "성탄절"이, 다른 곳에서는 "겨울"이 주제가 되었다. 이들 텍스트에서는 회사에 대한 관련이 하나도 없었으며 여러 가지 문법적 결함으로 봐서 훈련받지 않은 집필자라는 것을 알 수 있다. 이 사설들에서는 접촉 기능이 실현되었다. 집필자들에게는 무엇보다도 독자와의 사회적 접촉의 성립과 유지가 중요한 것이다.

편집인들의 사설은 사실 중심적인 정보 기능 아니면 접촉 기능을 보여준다. 파트너 중심적인 발화의 교환은 그리 가능하지 않다. 피드백의 가능성도 결여되어 있다(독자 편지 작성 호소, 대화 모임 안내, 심층 세미나 안내 등등). 이 경우의 집필자들에게는 흔히 기사 작성에 있어서의 결정적인 저널리즘적인 재주가 없는 것으로 여겨져서 그러한 피드백 과정이 전혀 진행될 수 없다.

선별된 직원 잡지 사설의 데이터 분석

내부 커뮤니케이션의 언어에 있어서는 주요 문제가 어디에 있는가? 문제점을 추상적으로 서술하기는 거의 불가능하기 때문에 다음에서 7종의 사설에서 구체적으로 밝혀질 것이다. 이 경우 인명, 회사명, 제품명은 익명으로 처리되었다. 왜냐하면 구체적인 어느 회사가 문제가 되는 것이 아니라 원칙적인 문제와 잘못 그리고 그러한 것으로부터 무엇을 이끌어 낼 수 있는가하는 점이 중요하기 때문이다. 기사들은 그 원래의 형태(잘못된 것도 함께)대로 두었다. 문장들은 텍스트 분석을 상세하게 추적할 수 있게 하기 위해 번호가 매겨졌다.

보기 1

분석된 직원 잡지는 연간 3회 발행되는 A4 크기의 36쪽 분량이다. 이 잡지는 쪽마다 레이아웃이 통일되어 있고 현대적인 인쇄 체제와 고품질의 그림과 사진 자료를 갖추고 있다. 신상품, 새로운 프로젝트, 새로운 부서, 사내 행사, 야유회, 체육활동에 대해 보도하고 있다. 연구 대상 회사는 제조업체이다. 사설의 본문은 다음과 같다:

【표제】
머리말

【헤드라인】
"독특함으로 가는 길"

친애하는 직원 여러분

【리드 텍스트】

(1) 경제적 경쟁의 규칙들이 급격하게 변화했습니다: 과잉생산능력, 신기술, 세계화, 포화상태의 시장 등은 제품과 서비스의 교환이 더 원활하게 되는 방향으로 몰고 가고 있습니다. (2) 독점적 지위에 도달하는 기업의 능력은 따라서 더 중요해지고 있습니다. (3) 1998년 두 번째 간부의 날에는 그래서 전체 xxxxxx 간부진이 xxxx씨 [외부 컨설턴트의 성명], xxxx주식회사의 대표이사[컨설팅회사의 이름], "xxxx" [책의 이름]라는 책의 저자와 함께 xxxx[제품의 이름]에 대한 시장 리더로서의 우리 회사의 변화와 위치에 대해 집중적으로 토론을 벌였습니다.

【본문 텍스트】

sl. (4) *성공에 이르는 길은 여럿이지만 모두 독특해야 합니다— 이는 누구나 다 알고 있는 것입니다! (5) 기업은 자신의 전문 분야에서 일정한 독점적 지위를 획득해야 하며 다른 기업들과 구분되어야 하고 분명하게 더한 신뢰가 있어야 합니다. (6) 그래야 고객에게 꼭 필요한 기업이 됩니다. (7) 경쟁이 심한 분야라 할지라도 더 뛰어나야 하고 경쟁사보다 더욱 나은 성과를 보여야만 합니다. (8) 이는 우리 모두가 이러한 독특함의 부분이어야 한다는 것을 의미합니다. (9) 수동적으로 변화에 적응하는 것에 만족하는 사람은 뒤 처지게 됩니다. (10) 고객과 시장의 변화에 깊이 몰두하고 자신의 일을 자신의 가능성에 부합하면서 늘 새롭게 해석하는 사람은— 미래의 규칙을 함께 형성하는 모든 기회를 가지는 것입니다. (11) 경쟁사와 다른 어떤 것을 한다는 것은 어려운 일입니다. (12) 하지만 우리가 행동하는 방식에 의해 우리는 차이를 만듭니다. (13) 열광, 참여와 헌신 고객에게 다가가고 고객을 적절하게 관리하는 능력은 당해 낼 수가 없습니다. (14) 고객에게 고객 자신이 특별하다는 느낌을 주는 것— 왜냐하면 실제로 고객은 그러하니까요!*

"AUF DEM WEG ZUR EINZIGARTIGKEIT"

Liebe Mitarbeiterinnen und Mitarbeiter

Die Spielregeln des wirtschaftlichen Wettbewerbs haben sich radikal geändert: Ueberkapazitäten, neue Technologien, Globalisierung und gesättigte Märkte führen zu einer grösseren Austauschbarkeit von Produkten und Dienstleistungen. Die Fähigkeit eines Unternehmens, eine gewisse Alleinstellung zu erreichen, wird deshalb immer wichtiger. Am 2. Kadertag 1998 hat sich deshalb die gesamte ███████ Führungsmannschaft zusammen mit Herrn ███████, Geschäftsführer der ███████ AG und Autor des Buches ███████████████████████████, intensiv mit den Veränderungen der Umwelt und der Stellung unseres Unternehmens als Marktleader für ███████████ auseinandergesetzt.

Es gibt viele Wege zum Erfolg, nur müssen sie alle einzigartig sein - dies die generelle Erkenntnis! Ein Unternehmen sollte in seinem Fachbereich eine gewisse Alleinstellung erreichen, sich von anderen unterscheiden und deutlich glaubwürdiger sein. Dann wird man für den Kunden unentbehrlich. Man muss besser sein und deutlich bessere Leistungen erbringen als die Konkurrenz, auch wenn es in einem eng definierten Bereich ist. Dies bedeutet, dass wir alle Teil dieser Einzigartigkeit sein müssen.

Wer sich damit begnügt, sich passiv Veränderungen anzupassen, kommt zu spät. Wer sich aber intensiv mit den Kunden und Marktentwicklungen auseinandersetzt, sein Geschäft seinen Möglichkeiten entsprechend immer wieder neu interpretiert - der hat alle Chancen, die Spielregeln von morgen mit zu gestalten. Es ist schwierig, etwas anderes zu tun als die Konkurrenz. Doch durch die Art und Weise, wie wir es tun, schaffen wir Unterschiede. Begeisterung, Engagement und Hingabe, die Fähigkeit auf Kunden zuzugehen und sie richtig zu behandeln, lässt sich nicht messen. Aber dem Kunden das Gefühl vermitteln, etwas besonderes zu sein - denn er ist es auch!

Auf dem Weg zur Einzigartigkeit bauten wir in allen Bereichen des Unternehmens unsere Position weiter aus und investierten in Märkte, Produkte, Produktionstechnologie sowie Mitarbeiter und deren Ausbildung. Zu den Verkaufsbüros in ███████████ (als neuer Standort im ██████), ██████ und ██████ im ██████ kam neu Aarau dazu; neue Fachbetriebe bearbeiten als Vertragspartner zusätzliche Regionen im In- und Ausland; Herr ██████ hat im Monat September eine der modernsten ██████-Produktionen Europas in ██████ in Betrieb genommen; die neuen Lüftungssysteme für ███████████ sind lanciert; das Projekt ██████ steht kurz vor dem Abschluss; die Markteinführung der neuen ██████ ██████ steht bevor; und vieles mehr.

Alles wird aber von Menschen gemacht - von uns allen - womit auch klar ist, dass die Einzigartigkeit ein permanentes Auseinandersetzen mit sich selbst und der Umwelt auf der Suche nach Verbesserung ist. Weihnachten steht schon wieder vor der Türe! - und wir können mit Stolz feststellen, dass es uns auch 1998 wieder gelungen ist, unsere Position als Nummer 1 weiter auszubauen und Marktanteile zu gewinnen. Allerdings muss man auch gleich hinzufügen, dass der extreme Verdrängungswettbewerb nach wie vor massiv auf die Preise drückt. Wir müssen also auch weiterhin alle Register ziehen, um erfolgreich zu bleiben und unsere Einzigartigkeit täglich unter Beweis stellen.

Ich danke Ihnen allen sehr für den grossen Einsatz, Ihr innovatives Mitdenken und Handeln. Ich bin überzeugt, dass unsere Investitionen in die Zukunft ██████ weiter stärken werden. Ich wünsche Ihnen und Ihren Familien ein gesegnetes Weihnachtsfest, Tage der Ruhe und Entspannung sowie einen guten Rutsch ins neue Jahr.

Ich grüsse Sie herzlich

Ihr

Generaldirektor

"Devenir uniques et le rester"

Chères collaboratrices, chers collaborateurs,

Les règles du jeu de la concurrence économique ont radicalement changé: surcapacité, nouvelles technologies, globalisation et encombrement des marchés entraînent une plus grande interchangeabilité des produits et des services. La capacité d'une entreprise de parvenir à un statut exclusif prend donc une importance toujours plus grande. C'est pourquoi, lors de notre 2ème journée des cadres 1998, toute la direction ██████ ainsi que ██████, directeur de la ██████ et auteur du livre ██████████████████, ont débattu intensivement de la modification de notre environnement et de la place de notre entreprise comme leader du marché ███████████. Nombreux sont les chemins qui conduisent au succès, à condition qu'ils soient tous exclusifs. C'est un principe fondamental! Dans son domaine spécialisé, une entre-

II. (15) 우리는 독특함으로 가는 도중에 회사의 모든 분야에서 우리의 위치를 광범위하게 확대했고 시장, 제품, 생산기술, 직원과 직원 양성에 투자했습니다. (16) xxxx, xxxx, xxxx, xxxx 의 판매 매장에 xxxx {지역 이름} 이 새로 추가됐습니다, 새로운 전문 회사들이 계약 파트너로 국내외에서 추가 지역을 개척하고 있습니다, xxxx 씨 {경영책임자의 이름} 는 9월에 xxxx {지역 이름} 에서 유럽의 가장 현대적인 xxxx {제품 이름} 생산을 시작했습니다, xxxx 과 xxxx {제품 이름} 에 대한 새로운 통풍 시스템이 유통되었습니다, 프로젝트 xxxx {프로젝트 이름} 는 곧 마무리될 것입니다, 새로운 xxxx 세대(새 제품라인의 이름) 의 시장 도입은 임박해 있습니다, 등등.

I. (17) 모든 일이 사람들에 의해 이루어졌습니다 – 우리 모두에 의해 – 그와 함께 독특함이라는 것은 더 나아지려고 노력하는 와중에 자기 자신과 환경과의 지속적인 대결이라는 것이 분명합니다. (18) 성탄절이 다시 문 앞에 와있습니다! – 우리는 1998 년에도 업계 1 위의 위치를 굳건히 하고 시장 점유율을 높이는 일이 또 다시 성공했다는 것을 자랑스럽게 확언할 수가 있습니다. (19) 그렇지만 동시에 극단적인 밀어내기식 경쟁은 여전히 엄청나게 가격에 압박을 주고 있다는 점도 덧붙이지 않을 수 없습니다. (20) 따라서 우리는 계속해서 성공을 유지하고 우리의 독특함을 매일 증명하기 위해서는 전력을 기울여야 합니다. (21) 모든 힘을 다 써주시고 그리고 혁신적인 생각과 행동에 대해 모든 분들께 감사 드립니다. (22) 미래에 대한 우리의 투자는 xxxx {회사명} 가 계속 번창하리라 확신합니다. (23) 여러분과 여러분의 가족들에게 축복의 성탄절 축제가 되기를, 그리고 평화와 휴식의 나날이 되기를, 무사히 새해를 맞이하시기를 기원합니다.

진심으로 감사의 말씀을 전하면서.
【서명】

【성명】
CEO

이 텍스트에서는 2개의 주제가 다뤄지고 있다. 주(主)주제는 문장

1~14 그리고 23에서, 부(副)주제는 문장 15와 16에서 서술되고 있다. "회사의 성과 제고"라는 주 주제에서 집필자는 회사의 미래를 위한 성과 제고의 의미를 밝히고 있으며, "주문과 프로젝트 현황"이라는 부주제에 서는 지난 몇 개월의 중요한 프로젝트와 결과를 소개하고 있다. 주주제 에서 부주제로의 전환은 시제가 통일적이지 못한 점이 특징이다:

> (14) 고객에게 고객 자신이 특별하다는 느낌을 주는 것 – 왜냐하면 실
>   제로 고객은 그러하니까요!
> (15) 우리는 독특함으로 가는 도중에 회사의 모든 분야에서 우리의 위
>   치를 광범위하게 확대했고 시장, 제품, 생산기술, 직원과 직원 양
>   성에 투자했습니다.

"회사의 성과 제고"라는 주주제는 집필자에 의해 논증적으로 전개 되고 있다. 주제의 중점을 분명하게 하기 위해 다음과 같이 텍스트의 주 제들이 간결하게 요약되고 해당 의도들도 분명하게 표현되었다:

♣ 테제 : 회사의 성과 제고는 필요하다.

논거1 :
경제 변화는 회사를 위협하고 있다(문장 1/19에서 함축적으로).
하위 논거들:
1.1 경제 변화는 제품과 서비스의 교환이 더 원활하게 이루어지
    는 방향으로 몰고 간다(1).
1.2 밀어내기식 경쟁은 가격을 압박한다(19).

논거 2 :
독특함은 회사의 성공을 확보한다(4).
하위 논거들:
2.1 차별화를 통해 회사가 더 신뢰를 얻는다(5).
2.2 기업은 적극적으로 변화해야 한다(9/10).

집필자는 경제적 경쟁이 회사와 사원들에게 위협이 되는 것으로 서술하면서 첫 단계에서 불안한 상황을 조성하고 있다. 언어적 차원에서는 "급격하게", "강력한", "극단적인"등과 같은 개념으로 처리되고 있는데 이는 이 맥락에서는 부정적인 의미이다. 회사의 성과 제고의 근거를 가능성이 아닌 미래의 위험에서 찾고 있다. 신기술과 세계화를 도전과 기회가 아닌 위협으로 보고 있다. 의식적이든 무의식적이든 독자에게 공포는 아닐지라도 불안감을 조성한다.

두 번째 단계에서 집필자는 이러한 위협적인 상황에서 빠져나오는 출구를 제시하려고 한다. 이미 제목에서 암시하고 있듯이 집필자의 생각으로는 시장 선도자 위치의 유지는 독특함으로만 이룰 수 있는데, "독특함"을 집필자는 정말 번잡하게 기술하고 있다:

> (11~14) 경쟁사와 다른 어떤 것을 한다는 것은 어려운 일입니다. 하지만 우리가 행동하는 방식에 의해 우리는 차이를 만듭니다. 열광, 참여와 헌신, 고객에게 다가가고 고객을 적절하게 관리하는 능력은 당해 낼 수가 없습니다. 고객에게 고객 자신이 특별하다는 느낌을 주는 것－왜냐하면 실제로 고객은 그러하니까요!

간단히 말하자면 : 시장에서 제품들은 계속해서 비슷해지기 때문에 기업은 경쟁사에 대한 경쟁우위를 확보하기 위해 더욱 강화된 서비스 지향을 통해 자신을 차별화해야 한다.

집필자는 추구하고자 하는 독특함을 분명하게 기술하고 이에 이르는 구체적인 단계들을 밝히는 대신에 유감스럽게도 진부한 상투어와 아무것도 도움도 주지 않는 충고를 말하는 데만 빠져들었다.

특히 이 텍스트는 분명하고 납득할 수 있는 논증이 결여되어 있다. 집필자는 자신의 해결책을 조리 있게 밝히고 있지 못하다. 이 점은 문법적인 차원에서 원만하지 못한 재수용 관계와 매끄럽지 않은 문장 순서로

 기업 내부 커뮤니케이션

드러나고 있다. 다음의 텍스트 부분이 이를 보여준다:

> (17~18) 모든 일이 사람들에 의해 이루어졌습니다—우리 모두에 의해
> —그와 함께 독특함이라는 것은 더 나아지려고 노력하는 와
> 중에 자기 자신과 환경과의 지속적인 대결이라는 것이 분명
> 합니다. 성탄절이 다시 문 앞에 와있습니다!—우리는 1998년
> 에도 업계 1위의 위치를 굳건히 하고 시장 점유율을 높이
> 는 일이 또 다시 성공했다는 것을 자랑스럽게 확언할 수가
> 있습니다.

많은 문장들이 선행 문장과의 정연한 논리성을 보여주지 못하고 있다. 오히려 문장 사이의 전환에서 비약이 있다. 문장들은 여러 부분에서 생각의 재수용 원리에 의해 서로 결합되지 못하고 있어서 논증상의 "지그재그 코스"가 발생되고 있다.

이 텍스트는 독자에게 이성적인 방법으로 제시된 주장이 옳다는 점을 납득시키려고 하는 목표를 갖고 있지만 이 텍스트의 논증은 이러한 과제를 충족시킬 수가 없다. 왜냐하면 텍스트의 논증이 내용적으로 너무 불분명하고 모호하기 때문이다. 시장 선도자라는 위치의 유지는 독특함에 의해서만 이룰 수 있다는 진술은 하나의 주장일 뿐이다.

그밖에 사원들은 태도와 행동 방식을 변화시키도록 요구받고 있다. 이러한 호소는 명백하며 요구적이다:

> (7) 경쟁이 심한 분야라 할지라도 더 뛰어나야 하고 경쟁사보다 더욱
> 나은 성과를 보여*야만* 합니다.
> (20) 따라서 우리는 계속해서 성공을 유지하고 우리의 독특함을 매일
> 증명하기 위해서는 전력을 기울*여야* 합니다.

그렇지만 주제 전개의 실패뿐만 아니라 구체적인 조치와 제시도 결여되어 있어서 더욱 강력한 고객 지향에의 호소는 실패할 수밖에 없었

다.

　직원 잡지에는 이러한 새로운 서비스의 품질에 대한 개요를 소개하는 또 다른 기사가 실려 있지 않다. 그리고 고객을 대하는 새로운 응대 형식을 훈련받을 수 있는 사내 교육에 대한 제시나 이러한 개혁에 대해 비판적인 논의를 벌이게 되는 대화 모임에 대한 메모 등도 찾아볼 수 없다.

　사원들은 사실상 회사의 개혁 과정에 포함되지 못하고 있다. 오히려 전체 "간부진"이 전문가들의 지도 하에 이 주제에 대해 토론했다는 "간부의 날"에 대해 이야기하고 있다. 직원 차원에서의 도약은 일어나지 않고 있으며, 대화 지향적인 커뮤니케이션도 발생하지 않고 있다. 그러면 직원들에게 성과 제고의 이유를 알리지도 않고 직원들이 개혁 과정에 포함되지도 않는다면 직원들이 어째서 이러한 개혁 과정을 긍정적으로 받아들여야하고 실천해야 하는가?

　경영진의 태도는 너무도 공공연하게 그리고 일방적으로 "밑으로" 관철되고 있으나 직원들의 시각은 너무 적게 반영되고 직원들의 태도와 욕구에 대해서는 너무 작은 관심을 기울이고 있다. 교류 과정이라는 말은 할 수가 없는 것이다.

　도대체 대화가 추구나 되고 있는지 의문이 제기된다. 몇몇 사실은 이에 부정적이다. "아는 것이 힘이다"라는 규칙에 따라 구체적인 개혁 단계들이 간부진에게만 전달되고 전 직원들에게 전달되지 않고 있다.

　지식의 우위는 이처럼 사원들의 통제를 위해 사용될 수 있다. 이는 특히 경제적 경쟁을 일방적이고 강하게 부정적인 방향으로만 자리매김 시키는 것과 또 그와 결부하여 직원들에게 불안감을 조성하는 것을 보면 알 수 있다.

　사설이 현대적인 디자인(인쇄 체계, 레이 아웃 등등) 임에도 불구하고 언어적 차원에서는 집필자의 고루하고 강한 위계질서에 절어 있는 규범적인 태도가 드러나고 있다. 사원들은 불안감의 조성을 통해 성과를

제고하도록 독려되고 있다. 개별적인 개혁 단계들에 대한 지식은 간부진의 차원에 머물러 있고 사원들에게는 통보되지 않고 있다. 구체적인 조치들과 지원은 제시되지 않고 있으며 직원들이 경영진에게 피드백 할 수 있는 가능성도 전혀 제공되지 않고 있다.

보기 2

여기서 분석된 직원 잡지는 A4 크기로 전문적으로 만들어진 사내 출판물이다. 32쪽에 달하는 잡지는 연 4회 발행되고 쪽마다 레이아웃이 통일되어 있다. 내용적으로는 신제품, 프로젝트, 부서의 소개와 회사 미래의 소개에 중점을 두고 있다. 연구 대상 회사는 제조 회사이다. 사설 텍스트는 다음과 같다 :

【표제】
사설

【호칭】
친애하는 직원 여러분

【본문 텍스트】

1. *(1) 직장과 관련되었든 개인적인 일이든 우리 모두는 중대한 결정을 내려야만 하는 상황에 직면해 있는 우리 자신을 늘 보고 있습니다. (2) 우리의 "걱정거리"인 xxxx {해당 분야의 이름} 부문의 개편은 하나의 사건이었습니다(자세한 내용은 본지 4~6쪽에).*

(3) 지난 수년 간 이 부문은 많은 노력에도 불구하고 목표 수익을 달성하지 못했습니다. (4) 우리는 세계화된 시장에서 경쟁력을 갖추기 위해

서 이 부문을 장래성 있게 개편함에 있어서 기술 수준이 높은 제품을 생산하는 것으로 결정했습니다. (5) 그럼으로써 이 부문은 미래 시장에서의 위치를 점하기 위한 유리한 출발 기반을 갖추고 있습니다. (6) 개편은 중요하고 옳은 일이나 유감스럽게도 중기적으로 일자리의 축소도 유발시키고 있습니다. (7) 저는 이점을 심히 유감스럽게 여기고 있으며 일자리의 축소가 당사자들에게는 얼마나 심각한 일이며 얼마나 많은 근심과 걱정에 잇대어 있는 일인지 잘 알고 있습니다. (8) 그렇지만 한가지는 약속할 수 있습니다. 우리는 일자리 축소의 결과를 당사자들이 가능한 잘 견딜 수 있도록 모든 것을 다할 것입니다. (9) 이 중요한 책임을 xxxx {그룹의 이름} 그룹은 알고 있으며 그 책임을 다하고 있습니다.

II. (10) 그러면 일자리를 잃지 않은 xxxx {해당 분야의 이름} 부문의 직원들에게 기대하는 것은 무엇일까요? (11) 그 부문의 개편은 남아 있는 직원들에게는 시장에서의 확고한 위치를 확보하기 위한 "도약판"인 것입니다. (12) 이를 위해 더 필요한 것은 각자의 협력과 아이디어입니다 — 함께 생각하고 함께 행동하기를 바라는 것입니다! (13) 우리는 전진하기 위하여 항상 더 나아져야 합니다. (14) 우리 회사의 이런 저런 크고 작은 예들은 우리가 그럴 능력이 있다는 것을 보여줍니다. (15) 분명한 것은: 우리가 유연하게 고객의 욕구에 귀기울이고 고객에게 품질과 가격에서 납득할 수 있고 혁신적인 제품과 서비스를 제공할 때만이 세계 시장에서의 장기적인 성공을 거둘 수 있다는 것이다. (16) 바로 이점이 xxxx {그룹의 이름} 그룹의 강점이 되어야 합니다. (17) 국제적 무대에서의 우리 가능성을 우리는 최상으로 이용해야 합니다. (18) 왜냐하면 이점이 우리 그룹의 성공과 일자리의 안정에 본질적으로 기여하기 때문입니다— 바로 스위스에서. (19) 이를 저의 신앙고백으로 받아들이십시오: 저는 스위스라는 입지가 우리에게 있어서 앞으로도 하나의 장점이라고 확신합니다. (20) 이를 위해 우리는 우리 입지의 강점들을 충분히 이용해야 합니다. (21) 제 생각으로는 다음과 같습니다 :

— 사람들의 높은 성취 열의

— 사회적이고 정치적인 평화

— 높은 교육 수준

— 우수한 인프라

Liebe Mitarbeiterinnen
Liebe Mitarbeiter

Sei es beruflich oder privat: wir alle sehen uns immer wieder mit Situationen konfrontiert, in denen wir schwerwiegende Entscheidungen fällen müssen. Die Neuausrichtung unseres «Sorgenkindes», der Sparte ▮, war so ein Fall (mehr darüber auf den Seiten 4-6 dieser Ausgabe).

In den vergangenen Jahren hat die Sparte trotz enormer Anstrengungen ihre Ertragsziele nicht erreicht. Um im globalen Markt konkurrenzfähig zu sein, haben wir uns für die zukunftsträchtige Neuausrichtung der Sparte hin zu technologisch anspruchsvollen Produkten entschieden. Damit verfügt die Sparte über eine gute Ausgangslage, um sich einen Platz in den Märkten der Zukunft zu erarbeiten. Die Neuausrichtung ist zwar wichtig und richtig, doch sie bedingt leider mittelfristig auch den Verlust von etlichen Arbeitsplätzen.

Ich bedaure dies zutiefst und bin mir bewusst, wie schwer der Verlust des Arbeitsplatzes für die betroffenen Personen wiegt und mit welchen Sorgen und Ängsten er verbunden ist.

Eines jedoch kann ich versprechen: Wir werden alles daran setzen, um die Folgen des Stellenabbaus für die Betroffenen so erträglich wie möglich zu gestalten. Dieser wichtigen Verantwortung ist sich die ▮ Gruppe bewusst und sie nimmt sie wahr.

Was erwartet nun jene Mitarbeiterinnen und Mitarbeiter der Sparte ▮, deren Arbeitsplätze erhalten bleiben? Die Neuausrichtung der Sparte ist für sie das «Sprungbrett», um sich eine solide Position im Markt zu sichern. Was es dazu jedoch noch braucht, sind die Mithilfe und die Ideen jeder einzelnen und jedes einzelnen - Mitdenken und Mithandeln ist erwünscht!

Wir müssen stetig besser werden, damit wir weiter kommen. Dass wir dazu in der Lage sind, zeigen viele kleine und grössere positive Beispiele in allen unseren Firmen.

Klar ist aber: Langfristigen Erfolg im globalen Markt erzielen wir nur, wenn wir flexibel auf die Bedürfnisse der Kunden eingehen und ihnen qualitativ und preislich überzeugende, innovative Produkte und Dienstleistungen bieten. Genau dies muss noch mehr die Stärke der ▮-Gruppe werden. Unsere Möglichkeiten auf dem internationalen Parkett müssen wir optimal nutzen. Denn dies trägt wesentlich zum Erfolg der Gruppe und zur Sicherung unserer Arbeitsplätze bei - auch und gerade in der Schweiz. Nehmen Sie dies als Bekenntnis: Ich bin überzeugt, dass der Standort Schweiz für uns auch in Zukunft ein Vorteil ist. Dazu müssen wir jedoch die Stärken des Standorts voll ausspielen. Dies sind meiner Meinung nach:

- die grosse Leistungsbereitschaft der Menschen
- der soziale und politische Frieden
- der hohe Ausbildungs-Standard
- die gute Infrastruktur
- der Ruf der «Qualität»

Sie sehen, wir verfügen über einige wesentliche Trümpfe. Der Wirtschaftsstandort Schweiz hat nach wie vor ein intaktes Image. Arbeiten wir deshalb mit vereinten Kräften daran, dies für unsere Kunden und somit zu unser aller Vorteil zu nutzen. Dann wird die ▮-Gruppe auch in Zukunft in der Lage sein, viele sichere und attraktive Arbeitsplätze in der Schweiz zu bieten!

Vorsitzender der Gruppenleitung

– "품질"의 명성

(22) 우리는 몇몇 중요한 수단들을 갖추고 있다는 것을 여러분을 알고 있습니다. (23) 경제적 입지 스위스는 여전히 상처입지 않은 이미지를 지니고 있습니다. (24) 그래서 우리가 이를 우리의 고객과 우리 모두의 이익을 위해 이용하도록 결집된 힘으로 일합시다. (25) 그러면 xxxx {그룹의 이름} 그룹은 미래에도 스위스에서 안정되고 매력적인 많은 일자리를 제공할 수 있을 것입니다!

【서명】

【성명】

그룹 회장

이 사설에서도 2개의 주제를 확인할 수 있다. 문장 1~12에서 나타나는 첫 번째 주제는 "적자 분야의 개편"이라고 말할 수 있다. 문장 13~25에서 드러나는 두 번째 주제는 "회사의 성과 제고"를 담고 있다.

첫 번째 주제 "적자 분야의 개편"은 연대기적으로 묘사되고 있다. 주제는 문법적 차원에서 보면 여러 시제를 통해 각 하위 성분으로 나뉘어져 있다. 과거에서의 하락하는 수익률에서 현재의 직원 해고를 거쳐 해고자를 위해 처리될 보완 조치들의 과정이 각각 상응하는 시제(과거시제, 현재시제, 미래시제)로 서술되었다:

(3) 지난 수년 간 이 부문은 많은 노력에도 불구하고 목표 수익을 달성하지 못했습니다.

(6) 개편은 중요하고 옳은 일이나 유감스럽게도 중기적으로 일자리의 축소도 유발시키고 있습니다.

(8) 그렇지만 한가지는 약속할 수 있습니다: 우리는 일자리 축소의 결과를 당사자들이 가능한 잘 견딜 수 있도록 모든 것을 다할 것입니다.

집필자는 "적자 분야의 개편"이라는 사건의 본질적인 부분들을 열

거하고 있다. 집필자는 무엇과 어떻게(사건의 경위), 누가(행위자), 언제 그리고 어디에서(사건의 시간과 장소)에 대한 물음에 답하고 있다.

집필자는 행위자의 동기(이유)와 사건의 구체적인 결과(어떠한 결과로)를 주변적으로만 다루고 있다. 하지만 이와 관련하여 해당 호에 실린 자세한 기사를 언급하고 있다. 이 잡지의 4쪽과 5쪽에는 해당 분야 부서장이 구조조정의 동기에 관해 보고하고 있으며, 6쪽에서는 독립적인 인성트레이너가 해당 직원들을 지원하기 위한 단계들에 대한 대답을 하고 있다.

두 번째 주제 "회사의 성과 제고"는 논증적으로 전개되고 있다. 이러한 논증적 주제 전개를 개관하기 위해 논증의 구성 부분들을 분리하여 서로 관련을 맺게 만든다.

♣ 테제 : 회사의 성과 제고는 필요하고 또 가능하다.

논거 1 :
개편은 기회이다(11).
하위 논거들:
1.1 안정된 일자리를 위한 출발점(11).
1.2 개혁에 직원들이 적극적으로 참여하는 것은 가능하다(12).

논거 2 :
변화된 포괄적 조건들은 장기적인 성공을 가능케 한다(15).
하위 논거들:
2.1 혁신적인 제품들과 강화된 서비스 지향은 고객들의 이탈을
　　 막는다(15∼16).
2.2 국제적인 관계는 더욱 더 선용될 수 있다(17∼18).
2.3 경제 입지 스위스는 하나의 장점이다(19∼23).

그러면 어떻게 2개의 주제 "적자 분야의 개편"과 "회사의 성과 제

고”가 서로 결합되는가? 정보를 제공하는 첫 번째 텍스트 부분의 서술 형식은 논증적 주제 전개인 두 번째 텍스트 부분의 기초를 만들어 주고 있다. 그렇게 함으로써 논증적 주제 전개에 대한 테제가 관련을 맺는 기초정보가 성립되고 있다.

적자 분야의 구조 조정과 그와 연관된 해고(첫 번째 텍스트 부분)는 회사의 미래와(두 번째 텍스트 부분) 일자리 확보에 대한 시나리오를 개발하도록 경영진을 움직였다:

(6) 개편은 중요하고 옳은 일이나 유감스럽게도 중기적으로 일자리의 축소도 유발시키고 있습니다.

(25) 그러면 xxxx [그룹의 이름] 그룹은 미래에도 스위스에서 안정되고 매력적인 많은 일자리를 제공할 수 있을 것입니다!

현재의 구체적인 결과로부터 회사의 미래를 위한 일반적인 인식이 얻어지고 있으며 이를 사원들에게 전달하고 있다.

여기에서도 행동 변화와 태도 변화에 대한 호소가 일어나고 있다. 그룹 회장의 호소에서는 강한 인상, 직원들에 대한 고려, 대화 지향 등이 특징이 있다. 회사의 문제 분야와 개선책은 은폐되지 투명하게 설명되고 있다. 이 부분에서 특히 집필자의 개인적인 입장과 신앙고백이 두드러진다:

(8) 그렇지만 한가지는 *약속*할 수 있습니다: 우리는 일자리 축소의 결과를 당사자들이 가능한 잘 견딜 수 있도록 모든 것을 다할 것입니다.

(19) 이를 저의 *신앙고백*으로 받아들이십시오: 저는 스위스라는 입지가 우리에게 있어서 앞으로도 하나의 장점이라고 확신합니다.

집필자는 자신이 하나의 일정한 행위를 실행해야 하는 의무를 독자들에 대하여 지고 있다는 점을 독자들에게 주지시키고 있다. 특히 직원

들의 피드백이 적극적으로 제기되고 있다. 직원들은 구조조정 과정에서 제외되지 않고 단순한 "명령의 수신자" 역할을 하지도 않으며 변화의 과정에 포함되고 있다.

> (12) 이를 위해 더 필요한 것은 *각자의 협력과 아이디어입니다— 함께 생각하고 함께 행동하기가* 바라는 것입니다!
> (24) 그래서 우리가 이를 우리의 고객과 *우리 모두의* 이익을 위해 이용하도록 *결집된 힘으로* 일합시다.

사원들은 변화 과정의 한 부분이며 이들의 참여는 적극적으로 추구되고 요구되고 있다. 호소는 믿음직스럽게 작용하고 또 직원들에 의해 긍정적으로 받아들여지고 있다고 충분히 생각된다. 왜냐하면 직원들은 공개적으로 경영진의 문제 분야와 해결 단서에 포함되고 있기 때문이다. 특히 미래에 대한 전망은 확신을 주고 있으며 경영진이 이러한 문제의 해결을 위해 장기적으로 참여하는 것을 보여주고 있다.

이 사설에서도 경영진의 한 사람이 회사의 새로운 방향에 대해 알려주고 있음에도 이 텍스트와 보기 1 텍스트 사이에는 많은 차이가 발견된다. 그러면 무엇이 이 두 텍스트의 공통점이며 어디에서 중요한 차이가 나타나고 있는가?

먼저 이 두 텍스트는 동일한 텍스트 주제 "회사의 성과 제고" 외에 많은 외적 유사점을 드러낸다. 두 사설은 직원 잡지를 외부 전문가의 지원을 받아 만드는 제조업체의 것이다. 이 두 사설은 경영진의 한사람에 의해 집필되었고 형식적으로 유사한 구조를 지니고 있다:

● 표제에 의해 텍스트가 사설이라고 표시됨
● "친애하는 직원 여러분"이라는 호칭
● 집필자의 사진이 사진 크기로 복사되어있음
● 집필자의 서명과 성명 그리고 직급 명칭이 포함된 발신인.

하지만 우리는 언어적으로 기본적인 차이를 만난다. 보기 1의 텍스트 주제 "회사의 성과 제고"는 번창하고 있는 회사의 시장 선도 위치의 유지에서 그 근거를 찾고 있지만 보기 2에서는 구조 조정 과정에 있는 회사의 일자리 확보에서 그 근거를 설명하고 있다.

보기 1에서는 모호하고 자세하지 않은 진술과 경영진의 구체적인 도움이 없어서 불안감이 유발되고 있는데 보기 2에서는 분명하고 명확한 표현과 직원들을 위한 구체적인 조치들을 언급해서 보기 1과는 반대의 경우가 벌어지고 있다.

경제적 경쟁이 보기 1에서는 위협으로 서술되어 있고, 개별 단계들에 대한 지식은 간부 차원에만 머물러 있으며, 성과 제고를 지시를 통해 관철시키려고 하고 있다. 특히 경영진은 어떠한 구체적인 행위도 약속하지 않고 있다. 이 모든 것은 경영진과 직원들 사이에 교류 과정이 전혀 추구되지 않고 있다는 점을 말해준다.

보기 2는 이와는 다르다. 여기에서는 경제적인 경쟁에서 기회를 보고 있으며, 직원들은 변화의 과정에 모두의 이익을 위해 포함되고 있고, 경영진은 일련의 구체적 조치들의 실행을 약속하고 있다. 경영진과 사원들 사이의 언어적인 교류가 제의되고 있으며 준비된 토대(해당호의 상세한 기사와 새 기업심리학자의 존재)에서 계속 진행될 수 있다.

보기 3

이 직원 잡지는 A3 크기의 12쪽에 이르는 출판물이다. 이 잡지는 두 가지 색(검은 색과 파란색)으로 신문 용지에 인쇄되었고 개별 부서, 제품과 프로젝트, 야유회, 모임, 기념일 등에 대한 기사를 담고 있다. 사설의 집필자는 "미디어담당과 과장"이고 인물 사진이 여권 사진 크기로 복사되어 있다. 연구 기업은 지역 철도 회사이다. 분석된 사설 텍스트는

다음과 같다 :

【헤드라인】

인포메이션 토털, 더 광범위하게, 더 빠르게, 더 진실 되게?

【본문 텍스트】

I. *(1) 좋은 일을 하고 그에 대해 말하라—PR 은 그렇게 간단하다. (2) 이는 모든 교과서에 실려있다. (3) 이렇게 간단하다면 왜 그렇게도 많은 학습서와 학습과정이 있는가? (4) SJW 공책 한 권이면 충분하지 않을까? (5) 누가 혹시 SJW 공책이 무엇인지 아는가? (6) 그렇다. 교사들의 쓰기 교본, 작은 분량으로 작가가 되는 과정에서, 텔레비전에 빠지기 전에 모든 나이의 학생들에게 맞는다. (7) 어제 내린 눈처럼, 진부한, "선행하기"라는 말처럼 너무 간단하다고?*

II. *오늘날에는 무료 입장권을 갖고 다가가서 동시에 좋은 소식이 담긴 텍스트를 책상 아래로 건네주는 일만으로는 더 이상 충분하지 않다. (9) 구이용 소시지 쿠폰이 별 네 개 짜리 레스토랑에서 4 번의 코스가 있는 메뉴로 { 원문 그대로임} 된다고 하더라도 대부분 좋은 소식은 감감 무소식이다.*

III. *오래 전에 가장 외로운 저널리스트도 독자, 청취자, 시청자를 위한 위장된 광고와 진짜 새소식의 경계가 어디인지 알아차렸다. (11) 이러한 미디어의 소비자들도 잘 알고 있다, 그리고 어떻게도. (12) 광고성 메시지가 조금이라도 들어있다고 생각되면 즉시 보호 필터가 내려진다. (13) 보호 요인 24, 알람, 모든 것이 과장되었다, 너무 많은 것이 약속되었다, 내부의 목소리가 말한다. (14) 하지만 어차피 모든 게 다 반은 거짓말 아닌가.*

IV. *(15) 그러면 그들이 한 일이 이렇게 저렇게 휴지통에 들어간다면 매체담당과의 임무는 어디에 있는가? (16) 잠깐, 그렇게 빨리 난 실업자가 되고 싶지 않다. (17) 사람들이 정보를 얻는 방법이 달라졌다. (18) 우리 자신이 이리저리 두들겨 맞춰 작성하는 글들은 저널리스트의 PC 에서 나온 것처럼 작성되어야 한다. (19) 사람들은 종종 그렇게 과장할 수가*

Natur und Bahn

Ausgangspunkt des Lehrpfades Natur und Bahn in ▮▮▮▮▮

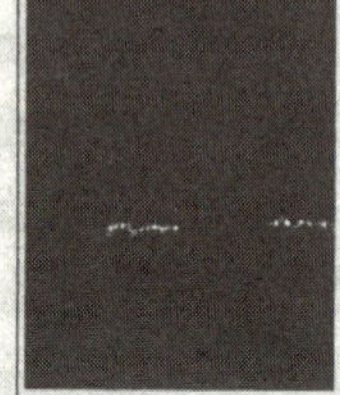

sern «Natur und Bahn», und Sie werden auf Ihrem Weg von ▮▮▮▮ nach ▮▮▮▮ auf 12 Informationstafeln stossen.

Wir wünschen Ihnen einen abwechslungsreichen Ausflug ins Lütschental.

… und führt der Wander- und Veloroute entlang bis zum Bahnhof ▮▮▮▮▮, oder umgekehrt. An zehn ausgewählten Standorten wurden weitere Informationstafeln angebracht, auf denen verschiedene Informationen über Pflanzen- und Tierarten, die Geologie, bauliche Besonderheiten, die Herkunft der Flurnamen und die Schutzbauten gegen Wasser- und Steinschlaggefahr aufgeführt sind. Die beiden Ausgangspunkte wurden zudem mit Übersichtstafeln ausgestattet, die die nötigen Grundinformationen bieten.

Bahn 2000 bei der ▮▮▮▮

In den Jahren 1995–1998 ist die Strecke der ▮▮▮▮▮ von ▮▮▮▮▮ umfangreich ausgebaut worden. Streckenbegradigungen ermöglichen grössere Fahrgeschwindigkeiten und bieten erhöhten Fahrkomfort. Dank einer zweieinhalb Kilometer langen Doppelspurstrecke können Züge auch ausserhalb der beiden Stationen kreuzen. Damit wird der Fahrplan schlanker, und das Rollmaterial kann rationeller eingesetzt werden.

Vom Bahnausbau profitierte auch die Natur

Beim Streckenausbau der ▮▮▮▮ ▮▮▮▮▮ sind an vielen Stellen ökologisch sensible Gebiete berührt worden. In enger Zusammenarbeit mit den Naturschutz-Beauftragten ist es gelungen, ein optimales Miteinander zwischen Natur und Bahn zu schaffen. Dabei sind für Flora und Fauna Schutzräume entstanden, die vor der neuen Linienführung nur beschränkt vorhanden waren.

Um die Bemühungen aller Beteiligter einem weiteren Kreise bewusst und zugänglich zu machen, entstand die Idee des Lehrpfades Natur und Bahn.

- Die Fussgänger und Fahrradfahrer haben jetzt Gelegenheit, auf ihrem Weg durch die einmalige Landschaft Interessantes und Wissenswertes über die Natur und die Dorfkultur im Nahbereich des Weges und der BOB zu erfahren.

- Die Betrachter werden sensibilisiert für die Anliegen der Natur. Ihnen soll aber auch bewusst werden, dass Bauen nicht gleichbedeutend sein muss mit Naturzerstörung.

Der Lehrpfad Natur und Bahn beginnt beim Bahnhof ▮▮▮▮▮…

Wander- und Veloweg ▮▮▮▮▮

Mit interessanten Informationen an besonderen Orten möchten wir Ihnen die Natur, die Landschaft und die Streckenführung der ▮▮▮▮▮ näherbringen. Folgen Sie den Wegweisern

Mit Ross und Wagen

Am 26. Juni 1998 konnte der Lehrpfad Natur und Bahn eröffnet werden. An der offiziellen Einweihung, zu der an diesem Projekt beteiligte Personen und Medienleute eingeladen worden sind, wurde die Strecke nicht zu Fuss oder mit dem Velo, sondern auf zwei Pferdefuhrwerken erkundet. Für musikalische Unterhaltung sorgte ▮▮▮▮. Unterwegs gaben ▮▮▮▮, Leiter Bauabteilung, und ▮▮▮▮▮, der als Naturwissenschaftler das Projekt geleitet hat, Erläuterungen ab.

Zuviel wollen wir Ihnen aber nicht verraten. Am besten ist, Sie kommen selber her und geniessen die Wanderung,   mj

So werden Sie unterwegs informiert.

없어서 마음이 아프기도 하다. (20) 사람들은 이런 저런 단점을 기꺼이 잊기도 하는데, 그 이야기는 잊기로 하고 ……

V. (21) 솔직하고 숨김없이 알리는 것 그것도 세상에 다 알려지기 전에. (22) 위기 상황에서 이보다 더 중요한 것은 없다. (23) 언론 서비스는 미디어와 싸우는 임무가 있다. (24) 최전선에 있는 사람들은 이러한 시대에서 저널리스트와 씨름하는 일을 맡아야 한다. (25) 후원과 사건과의 필요한 거리 둠.

VI. (26) 아무 일이 생기지 않으면 어떻게 하나? (27) 그러면 작가와 영화인을 위한 정보 제공자, 아이디어 제공자가 되는 것이다. (28) 짧게 말해─ 미디어 종사자들이 스스로 기사를 작성하도록 무엇인가를 스스로 꾀하도록 모든 것을 행하라. (29) 다음의 모토에 따라 자유롭게: 모든 작가는 자신이 쓴 텍스트를 그 뒤로 나불대는 모든 글보다 훨씬더 나은 것으로 본다 ……

【성명】

미디어담당과 과장

이 사설의 텍스트 주제는 "PR의 임무"인데 6개의 주제 단락으로 기술되고 있다. 첫 단락에서 집필자는 독자의 관심을 일깨운다.

집필자는 몇 개의 의문문을 가지고 몇몇 주장에 대해 비판적으로 의문을 제기하고 다음의 다섯 단락의 전개를 위한 긴장된 분위기를 조성한다.

두 번째와 세 번째 단락에서는 PR 작업의 달라진 포괄적 조건에 대해 말하고 있다. 이제는 회사의 메시지를 공공 미디어에 위치시키는 일이 더 이상 간단한 일이 아니라는 것이다. 이러한 진술을 설명하기 위해 집필자는(너무 과장된) 구이용 소시지 쿠폰의 메타포를 사용하고 있다(8 ~ 9).

네 번째에서 여섯 번째 단락에서는 연구 기업의 PR 책임자들의 임무에 대해 다루고 있다. 먼저 형식적인 요구 사항들을 제시하고, 다음에 위기 상황에서의 임무를 설명하고(다섯 번째 단락), 마지막으로 직장의 일상에서의 임무를 주제로 삼고 있다(여섯 번째 단락). 하지만 텍스트 주제가 논리 정연하게 전개되고 있으나 집필자의 의도는 불분명하다. 독자에게 대체 무엇을 전달하려고 하는가?

표면적으로 관찰하면, 사실을 강조하는 정보 제공적 텍스트 기능이 실현되어 있다. 하지만 부정적인 하위 톤은 텍스트의 또 다른 기능을 암시한다:

> (18) 우리 자신이 *이리저리 두들겨 맞춰 작성하는* 글들은 저널리스트의 PC에서 나온 것처럼 작성되어야 한다.
> (26~27) 아무 일이 생기지 않으면 어떻게 하나? 그러면 작가와 영화인을 위한 *정보 제공자, 아이디어 제공자*가 되는 것이다.

이는 공공 미디어를 거쳐 폭넓은 대중에게 전달될 수 있는 자신들이 작성하는 텍스트가 점점 더 줄어들고, 빈약한 성공과 축소된 성취 능력에 직면하고 있다는 씁쓸함과 체념인가?

하지만 저널리스트들에 대한 극단적으로 긍정적인 서술은 이에 반하는 것이다. 이들은 "작가와 영화인"으로 지칭되고 "정보 제공자와 아이디어 제공자"와는 구분된다. 오히려 그의 비판은 자신의 활동에 대한 요구 사항과 그의 생각에 공개되고 투명한 커뮤니케이션 정책의 신호를 아직 인식하지 못하고 있는 회사 상사들의 태도로 향해 있다고 보여진다.

아마도 집필자의 목표 (21: "솔직하고 숨김없이 알리는 것, 그것도 세상에 다 알려지기 전에"와 경영진의 목표 (1: "좋은 일을 하고 그에 대해 말하라—PR은 그렇게 간단하다"와의 차이가 있다. 지금까지 암시만 되었고, 이러한 비판은 단지 한 군데에서 두 문장으로 명백하게 드러나고 있다:

(19~20) 사람들은 종종 *그렇게 과장할 수가 없어서* 마음이 아프기도
하다. 사람들은 이런 저런 단점을 기꺼이 잊기도 하는데, 그
이야기는 잊기로 하고 ……

집필자는 자신의 독자층을 경영진에 대한 비판적인 태도로 움직이
게 하려고 한다. 텍스트 기능은 그에 따라 비판적 정보 제공 기능이라고
말할 수 있다. 하지만 이러한 비판이 독자들에 의해서도 인지되고 있는
지는 의문시된다. 분명하게 자기 입장을 밝히는 대신에 다른 집단의 시
각을 받아들여 이를 중개자와 대변자로 이용하고 있다 :

(11~14) 이러한 *미디어의 소비자들도* 잘 알고 있다, 그리고 어떻게도.
광고성 메시지가 조금이라도 들어있다고 생각되면 즉시 보호
필터가 내려진다. 보호 요인 24, 알람, 모든 것이 *과장되었다,*
너무 많은 것이 약속되었다, 내부의 목소리가 말한다. 하지만
어차피 모든 게 다 반은 *거짓말* 아닌가.

하지만 집필자는 직원들과는 대화를 시작하지 않고 직원들과 함께
PR 작업이 큰 성과를 거두었던 예들(열차 사고, 환경 보호, 열차 노선
축소 등등)을 찾아보지 않고 직원들의 의견도 묻지 않고 있다. 집필자는
그럼으로써 회사 직원들과의 강화된 대화적 교류 과정의 가능성을 놓치
고 있다. 그래서 독자들이 집필자의 의도를 인식하고 텍스트를 올바르게,
말하자면 집필자의 의도대로 이해했는지가 의문시된다.

보기 4

연구된 직원 잡지는 A4 크기의 4색의 출판물이고 32쪽에 달한다.
잡지는 회사의 최신 프로젝트와 제품 그리고 여러 가지 인물 정보를 담

고 있다. 사설의 집필자는 "커뮤니케이션 부서장"이고 그의 인물 사진이 여권 크기로 복사되어 있다. 연구 대상 기업은 보안 경비 업체이다. 분석된 사설 텍스트는 다음과 같다:

【표제】
사설

【헤드라인】
여러분은 xxxx 그룹입니다.

【본문 텍스트】

I. *(1) 플래카드, 광고물, 보도 자료, 인터넷상의 웹사이트, 전시회 참가, PR 기사, 스폰서링 등은 xxxx 그룹에 근무하는 모든 직원들이 이루어 내고 있고 회사 전체를 대표하여 일상 생활에서 표현하고 있는 것처럼 결코 그렇게 감동적일 수는 없습니다. (2) 이러한 사실을 여러분들께서는 칭찬으로 받아들일 수 있으며 또 마땅히 그러해야 합니다.*

II. *xxxx 그룹은 부단하게 엄청난 경비를 들여 능력 있고 역동적인 시장 참여자로서의 그룹의 장점이 좋은 이미지를 갖도록 노력하고 있습니다. (4) 기업커뮤니케이션과 PR은 올바른 내용 위에 기초할 때만이 그 성공의 결실을 거둘 수 있습니다. (5) 광고는 제품과 서비스의 약속이 진실에 부합할 때만이 기능할 수 있습니다.*

(6) 우리의– 진실된– 광고메시지는 견실하고 주도면밀한 성과에 부합합니다. (7) 그러한 배후에는, 친애하는 직원 여러분, 바로 여러분이 계십니다. (8) 여러분들께서는 플래카드, 광고물, 인터넷, 전문 박람회 등에서 약속되는 것에 대한 확증을 언론과 고객들에게 주고 계십니다.

(9) 이러한 생각을 저는 종이에 남기고자 합니다. 왜냐하면 커뮤니케이션이라는 것은 자연스럽게 회사와 그 제품을 전면에 내세우기 때문입니다. (10) 여러분 자신들께서도 xxxx 그룹의 광고메시지를 받고 계실 겁니다. (11) 그때 이러한 눈에 뛰는 조처가 커뮤니케이션의 핵심 사항이구나 하는 인상이 생길 수도 있습니다. (12) 이점은 정확히 그렇지 않습니다.

Sie sind die ████████ Gruppe

Plakate, Inserate, Pressemitteilungen, eine Website im Internet, Ausstellungsauftritte, PR-Beiträge und Sponsorings können nie soviel bewegen, wie das, was jede Mitarbeiterin, jeder Mitarbeiter im Dienst der ████ Gruppe leistet und im Alltag stellvertretend für das gesamte Unternehmen darstellt. Diese Tatsache dürfen und sollen Sie als Kompliment auffassen, den auffordernden Unterton inbegriffen.

Die ████████ Gruppe setzt sich unablässig und mit beträchtlichem Aufwand dafür ein, ihre Stärken als kompetenter und dynamischer Marktteilnehmer ins richtige Licht zu rücken. Unternehmenskommunikation und Öffentlichkeitsarbeit bringen aber nur Erfolg, wenn sie auf echten Inhalten aufgebaut sind. Werbung kann nur funktionieren, wenn ein Produkte- oder Dienstleistungsversprechen der Wahrheit entspricht.

Unsere - wahren! - Werbebotschaften entsprechen soliden und durchdachten Leistungen. Und dahinter wiederum stehen Sie, liebe Mitarbeiterinnen und Mitarbeiter. Sie liefern der Öffentlichkeit und unseren Kunden die Bestätigung für das, was an Plakatwänden, in Inseraten, im Internet oder an Fachmessen versprochen wird.

Diese Gedanken bringe ich zu Papier, weil die Kommunikation naturgemäss das Unternehmen und seine Produkte in den Vordergrund stellt. Auch Sie selbst empfangen Werbebotschaften der ████████ Gruppe. Dabei kann der Eindruck entstehen, dass diese auffälligen Massnahmen die Hauptsache der Kommunikation sind. Genau dies trifft nicht zu. Den grössten Einfluss auf die Kundenzufriedenheit und die öffentliche Meinung über die ████████ Gruppe haben die Leistungen und das Auftreten der Mitarbeiterinnen und Mitarbeiter. Sie können halten, was die Werbung verspricht.

Im Wirkungskreis aus Produktentwicklung, Marktbearbeitung, erbrachter Leistung und Unternehmenserfolg findet sich kein Teilbereich, in dem nicht der Mensch die Hauptrolle spielt. Die Kommunikation erfüllt einen Nebenpart - getreu der Weisheit «Tue Gutes und sprich darüber». Das Unternehmen tut Gutes und wir haben die dankbare Aufgabe, darüber zu sprechen. Sie liefern uns laufend guten Gesprächsstoff und dafür bedanken wir uns herzlich.

Gute Unterhaltung beim Lesen des «Journal der ████████ Gruppe»!

████████, Leiter Kommunikation

(13) 고객 만족과 xxxx 그룹에 대한 여론에 가장 큰 영향을 미치는 것은 직원 여러분들의 성과와 처신입니다. (14) 광고가 약속한 것을 여러분들께서 유지시켜 나가는 것입니다.

I. (15) 제품 개발, 시장 조사, 산출된 성과, 회사의 성공 등의 활동 영역에서 인간이 주역을 담당하지 않는 부분 영역은 없습니다. (16) 커뮤니케이션은 부차적 부분을 채웁니다―"선행을 하고 그에 대해 말하라"라는 지혜에 충실하여. (17) 회사는 선행을 하고 우리는 그에 대해 말하는 고마운 임무가 있습니다. (18) 여러분들께서는 저희에게 지속적으로 좋은 대화 소재를 제공해 주십시오 그러면 저희는 정말 감사하겠습니다.

(19) "xxxx 그룹의 저널"을 재미있게 읽으시기를 바랍니다!

【성명】

(이름), 커뮤니케이션 부서장

우리는 여기서 다시금 "기업커뮤니케이션의 임무"라는 주제를 만난다. 이밖에 다른 주제는 설명되지 않고 있다. 회사의 현재 혹은 미래의 위상이나 업계 변화나 시장 관련 변화는 주제로 삼고 있지 않다. 보기 3의 사설과는 달리 기업커뮤니케이션의 임무가 이론적으로 설명되지 않고 직원들의 성과와 관련을 맺는다.

기업커뮤니케이션과 사원들의 성과 사이의 연관성은 중요성에서 차이가 난다. 첫 번째와 마지막 텍스트 단락(1~2, 15~18)에서는 직원들의 성과가 기업커뮤니케이션에 앞서는 것으로 돼 있다:

(1) 플래카드, 광고물, 보도 자료, 인터넷상의 웹사이트, 전시회 참가, PR 기사, 스폰서링 등은 xxxx 그룹에 근무하는 모든 직원들이 이루어 내고 있고 회사 전체를 대표하여 일상 생활에서 표현하고 있는 것처럼 결코 그렇게 감동적일 수는 없습니다.

(15~16) 제품 개발, 시장 조사, 산출된 성과, 회사의 성공 등의 활동 영역에서 인간이 주역을 담당하지 않는 부분 영역은 없습니

다. 커뮤니케이션은 부차적 부분을 채웁니다－"선행을 하고
그에 대해 말하라"라는 지혜에 충실하여.

텍스트의 중간 부분(3～14)에서는 이에 비해 기업커뮤니케이션이 사
원들의 성과보다 우선시 되고 있다:

(8) 여러분들께서는 플래카드, 광고물, 인터넷, 전문 박람회 등에서 약
속되는 것에 대한 확증을 언론과 고객들에게 주고 계십니다.
(14) 광고가 약속한 것을 여러분들께서 유지시켜 나가는 것입니다.

집필자는 자신의 텍스트에서 기업커뮤니케이션과 사원의 성과 사이
의 연관성에 대한 두개의 근본적으로 다른 견해를 섞어 놓고 있다. 이를
통해 첫 번째와 마지막 텍스트 단락과 중간 텍스트 단락 사이의 불일치
가 생겨난다.

첫 번째와 마지막 텍스트 단락에서 집필자는 기업커뮤니케이션이
수용하고 실천해야 하는 사원들 성과의 우위성을 강조하고 있다. 텍스트
의 중간에서는 이에 반해 직원들이 따라야 하는 성과 규정을 서술의 중
심에 놓고 있다.

집필자의 결론은 무엇인가, 직원들은 기업커뮤니케이션의 임무에 대
하여 어떠한 입장을 취하는가? 직원들은 커뮤니케이션 내용의 토대를 제
공하는가 혹은 경영진에 의해 통과된 성과 규정에 따라야만 하는가?

전체 텍스트에서의 중간 텍스트 부분의 중요도는 커뮤니케이션 부
서장이 직원들로 하여금 완성된 커뮤니케이션 메시지를 확신하게 만들려
고 애쓴다는 결론을 끌어낼 수 있다. 집필자는 이를 지시에 의해서가 아
니라 사원들에 대한 과도한 호의로 이끌어 내려고 한다:

(2) 이러한 사실을 여러분들께서는 칭찬으로 받아들일 수 있으며 또
마땅히 그러해야 합니다.
(7) 그러한 배후에는, 친애하는 직원 여러분, 바로 여러분이 계십니다.

(18) 여러분들께서는 저희에게 지속적으로 좋은 대화 소재를 제공해
     주십시오 그러면 저희는 *정말 감사하겠습니다.*

행동에의 영향과 감사 상투어의 병렬은 집필자가 사원들에게 그들이 올린 성과에 감사하는지 또는 사원들을 새로운 행동으로 나아가게 하려고 하는지가 불확정하게 만들고 있다. 특히 이러한 행동이 어떤 것인지에 대해서는 알 수가 없다.

집필자와 그리고 편집장도 기업 커뮤니케이션을 예컨대 중점 기사로 상세하게 소개하고 관련 문제들을 심도 있게 주제화시키는 기회를 놓치고 있다. 오히려 회사와 직접적인 연관이 없는 "비행－꿈으로부터 점차 다가오는 당연함으로"이라는 주제가 중점 기사로 잡지의 다섯 쪽 전체를 차지하고 있다. 또한 사원들의 목소리도 담고 있지 않으며 혹은 직원 설문조사를 통한 현재 기업 커뮤니케이션의 수용 정도도 검토되고 있지 않다. 더군다나 사용된 전문 용어가 한번이라도 설명되지 않고 있다:

(4) *기업커뮤니케이션과 PR은 올바른 내용 위에 기초할 때만이 그 성
     공의 결실을 거둘 수 있습니다.*
(15) *제품 개발, 시장 조사, 산출된 성과, 회사의 성공 등의 활동 영역
     에서 인간이 주역을 담당하지 않는 부분 영역은 없습니다.*

여러 가지 진술이 병렬되어 있는 것은 마찬가지로 텍스트 이해도가 낮아지게 만든다. 논증은 논리 정연하지 않고 이해하기가 어렵다. 분명한 메시지가 확립되어 있지 않을 뿐 아니라 직원들과의 대화적 교류 과정이 추구되지도 않고 가능하지도 않다.

보기 5

　　다음의 직원 잡지는 36쪽이고 A4 크기에 2색으로 인쇄되었고 연간 6회 발행된다. 이 잡지는 각 부서, 새로운 프로젝트와 제품, 사내 활동과 개인 동정에 관한 기사를 담고 있다. 사설은 편집장(여성)에 의해 쓰여졌고 인물 사진은 여권 크기로 텍스트 사이에 실려 있다. 대상 회사는 기계 생산 업체이다. 텍스트는 다음과 같다:

【표제】

사설

【타이틀】

네트워크

【본문 텍스트】

　　1. *(1) 불과 몇 년 전만 해도 컴퓨터 매니아들 사이에서만 열광을 불러 일으켰던 개념이었던 인터넷이 오늘날에는 빼놓을 수 없는 것이 되었습니다. 10억 이상의 사람들이 "온라인"에 접속하고 있으며 매일 그 수는 더 많아지고 있습니다. (2) 인터넷 접속은 이미 팩스나 컴퓨터를 소유하는 것만큼 당연한 일이고 xxxx {회사명}와 같이 세계적으로 활동하는 기업에게는 전 세계적인 컴퓨터 네트워크는 그 중요성이 더 커지고 있습니다.*

　　(3) 우리 회사가 이미 1996부터 인터넷에 홈페이지(http://www.xxxx.com {홈페이지 이름})를 구축해 놓고 있는데 지난해 말부터 회사의 전 그룹의 직원들로 구성된 프로젝트 팀이 소위 인트라넷 작업을 하고 있습니다. (4) 전 세계적으로 컴퓨터 사용자간에 데이터의 교환과 커뮤니케이션을 가능하게 하는 인터넷과는 달리 인트라넷은 한 그룹 안에서 이용자 그룹간의 정보 흐름을 확보하는 것입니다. (5) 이러한 이유에서 xxxx 넷 {인트라넷의 이름 —xxxx {회사명}의 직원들을 위한 커뮤니케이션과 정보 플랫폼— 이 탄생된 것인데 가동 첫 달에 벌써 500회 이상의 방문 회수

Netzwerk

Internet, ein Begriff, der noch vor wenigen Jahren nur bei Computerfreaks auf Begeisterung stiess, ist heute bereits nicht mehr wegzudenken: Mehr als 100 Millionen Menschen sind schon «online», und täglich werden es mehr. Einen Internet-Anschluss zu haben ist schon bald so selbstverständlich wie ein Faxgerät oder einen Computer zu besitzen, und auch für global tätige Unternehmen wie ▮▮▮▮▮▮▮gewinnt das weltweite Computer-Netzwerk zunehmend an Bedeutung.

Während wir im Internet bereits seit 1996 mit einer Homepage vertreten sind (http://▮▮▮▮▮▮▮▮▮, arbeitet seit Ende letzten Jahres ein Projektteam mit Mitarbeitern aller Unternehmensgruppen an einem sogenannten Intranet. Intranet soll, im Unterschied zu Internet, welches den Datenaustausch und die Kommunikation zwischen Computerbenutzern in der ganzen Welt ermöglicht, den Informationsfluss zwischen Benutzergruppen innerhalb eines Konzerns sicherstellen. Aus diesem Grunde wurde kürzlich auch das ▮▮▮▮▮ Net – eine Kommunikations- und Informationsplattform für ▮▮▮▮▮▮ MitarbeiterInnen – geboren, das im ersten Betriebsmonat schon weit mehr als 500mal besucht wurde.
«Waren Sie schon einmal im ▮▮▮▮Net?» Wenn Sie diese Frage mit Nein beantworten, sollten Sie unbedingt den Beitrag von ▮▮▮▮▮▮auf Seite 14 lesen, der Sie über alles Wissenswerte in Sachen Internet, Intranet und ▮▮▮▮Net informiert.

Nach mehrmonatigen Verhandlungen konnten die Sozialpartner Einigung über einen neuen Gesamtarbeitsvertrag (Vereinbarung in der Maschinenindustrie) erzielen, der per 1. Juli in Kraft getreten ist und Verbesserungen sowohl für die Arbeitnehmerwie auch die Arbeitgeberseite bringt. Auf der Suche nach Statements zu den ausgehandelten Ergebnissen wurde festgestellt, dass die wenigsten MitarbeiterInnen von den Details etwas mitbekommen haben. ▮▮▮▮▮▮▮informiert ab Seite 8 über die wichtigsten Neuerungen.

Unter dem Titel «Bewährungsproben in Grenzsituationen» berichtet ▮▮▮▮▮▮ über ein Trekkingerlebnis der besonderen Art: Die Kaderleute der ▮▮▮▮▮▮▮ AG wurden bei ihrem jährlichen Ausflug auf ihr persönliches Leistungspotential ausserhalb der täglichen Arbeitswelt getestet und waren dabei bis aufs äusserste gefordert. Welch schwierige Aufgaben sie zu meistern hatten, lesen Sie auf Seite 18.

Mit dem Pro-Juventute-Ferien(s)pass haben Schulkinder der Region Prättigau jeweils die Möglichkeit, in den Sommerferien diverse Aktivitäten zu unternehmen. Auf dem Programm stand dieses Jahr bereits zum zweitenmal «Basteln mit Kunststoff bei der ▮▮▮▮▮▮▮▮▮ AG in ▮▮▮▮». Was die Kinder diesmal produzieren durften und welche Eindrücke sie von unserem Bündner Werk haben, erzählt ▮▮▮▮▮▮auf Seite 35.

Herzlichst

▮▮▮▮▮▮ Redaktionsleitung

Zum Titelbild:
Hohe Ehre für eine unserer Tochtergesellschaften: Am 3. Juli weilte der Gesamtbundesrat zu Besuch bei AGIE in Losone/TI. Mehr Bilder von diesem wahrlich nicht alltäglichen Ereignis auf Seite 7.
Foto: Roberto Pellegrini

118 기업 내부 커뮤니케이션

가 기록되고 있습니다. (6) "xxxx넷 (인트라넷의 이름)에 다녀 가셨나요?" (7) 이 질문에 아니오 라고 대답하시면 14쪽에 있는 xxxx (집필자 1의 이름)의 기사를 무조건 읽어보셔야 합니다. 그 기사는 인터넷, 인트라넷, xxxx넷 (인트라넷의 이름)에 관한 값진 지식을 알려주고 있습니다.

II. 여러 달의 협상 끝에 노사 대표들은 새로운 전체 노동 협약(기계 산업계의 협의)에 관한 일치를 보았는데 이는 7월 1일부터 효력을 갖고 노동자뿐만 아니라 사용자측에게도 진전된 것입니다. (9) 협의된 결과에 대해 발표문을 가다듬고 있는 와중에 최소한의 직원들이나마 그 세부 사항들을 알아야 한다고 정해졌습니다. (10) xxxx (집필자 2의 이름)는 8쪽부터 가장 중요한 개선 사항들에 대해 알려드리고 있습니다.

III. (11) "한계 상황에서의 테스트"라는 제목 하에 xxxx (집필자 3의 이름)는 특별한 종류의 트레킹 체험을 이야기하고 있습니다. xxxx 주식회사 (계열사의 이름)의 간부들은 정기 야유회에서 매일매일의 직장의 세계에서 벗어난 개인적인 능력이 시험되었는데 극한에까지 가는 것이었습니다. (12) 어떠한 어려운 임무를 그들이 마스터해야 했는지 18쪽에서 자세하게 읽을 수 있습니다.

IV. 프레티가우 지방의 어린이들은 프로-유벤튜테-페리엔(슈)파스와 더불어 여름 방학 동안에 다양한 활동을 할 수 있는 기회를 가집니다. (14) 올해에도 두 번째로 "xxxx (지방 이름)에 있는 xxxx주식회사 (계열사의 이름)에서 플라스틱으로 공작하기"가 프로그램에 올라 있었습니다. (15) 아이들이 이번에 어떤 것을 만들었고 우리의 뷘트너 공장에 대한 어떤 인상을 가졌는지에 대해 xxxx (집필자 4의 이름)가 35쪽에서 말씀드립니다.

충심으로

【서명】
【이름】
편집장

이 사설은 4개의 주제가 다루어지고 있는 다섯 단락으로 이루어져 있다.

첫 두 단락에서는 "인트라넷 xxxx넷의 도입"이, 세 번째 단락에서는 "새로운 전체 노동 협약"이, 네 번째 단락에서는 "간부들의 트레킹 체험"이, 다섯 번째 단락에서는 "프로－유벤투테－공장 방문"이 보고되고 있다. 모든 주제들은 같은 모형으로 서술되고 있다. 먼저 하나의 사태가 일반적으로 소개되고(1/9/11/14) 그런 다음에 회사에 관련되어 전문화되고 있다(3/9/11/14). 4가지 주제 "인트라넷 xxxx넷의 도입", "새로운 전체 노동 협약", "간부들의 트레킹 체험", "프로－유벤투테－공장 방문"은 내적인 연관성은 없다. 새로운 주제는 선행 주제에 의한 인도 없이 도입되고 있으며 선행 주제와는 관련성도 없이 전개되고 있다.

텍스트 형태(표제, 텍스트 블록, 서명이 있는 발신인 등등)의 형식적 특징 외에 직원 잡지 각각의 기사에 관한 언급도 항상 동일한 모형으로 실행되고 있다. 각 주제의 끝에는 집필자와 해당 쪽수에 대한 언급을 찾아볼 수 있다:

(7) 이 질문에 "아니오"라고 대답하시면 14쪽에 있는 xxxx [집필자 1의 이름]의 기사를 무조건 읽어보셔야 합니다. 그 기사는 *인터넷, 인트라넷, xxxx 넷*에 관한 값진 지식을 알려주고 있습니다.

(10) xxxx [집필자 2의 이름]는 8쪽부터 가장 중요한 개선 사항들에 대해 알려드리고 있습니다.

(12) 어떠한 어려운 임무를 그들이 마스터해야 했는지 18쪽에서 자세하게 읽을 수 있습니다.

(15) 아이들이 이번에 어떤 것을 만들었고, 우리의 뷘트너 공장에 대한 어떤 인상을 가졌는지에 대해 xxxx [집필자 4의 이름]가 35쪽에서 말씀드립니다.

이러한 언급은 4가지 주제가 상위 텍스트 주제인 "직원 잡지 내용"의 구성부분들이라는 특징을 부여한다.

이 텍스트는 집필자가 독자에게 특정한 사태를 알리고 여러 사건들

에 관해 정보를 제공한다는 점에서 텍스트 기능의 차원에서는 정보 제공 행위이다. 사건의 서술은 사실적이다 말하자면 집필자는 명시적으로 언어적인 평가와 감정적 호소를 자제하고 있다. 집필자는 사태를 단지 전달하기만 할 뿐 평가적인 입장을 표현하거나 주제를 좀 더 큰 연관성 속에서 정리하려고 하지 않는다.

하지만 사실적인 서술이라고 텍스트가 평가에서 자유롭다는 것을 의미하지는 않는다. 직원 잡지의 보도에서의 사건의 선택이나 사설에서의 순서도 이미 하나의 평가인 것이다. 이런 의미에서 이 사설은 "주관적으로 선택되고 해설된 목차"라고 말할 수 있다.

잡지 내용의 25개의 기사에서 편집장은 사설에서의 코멘트를 위해 4개의 기사를 선택했다. 그렇지만 왜 한 계열사에 대한 스위스 연방 상원의 방문, 1998년 상반기 그룹 성과, 회사 직원들의 검진일과 같은 다른 기사들은 선택되지 않았는가?

편집장은 자신에게 관련된 주제들(아마도 그녀는 xxxx넷 프로젝트에 함께 참여했을 수도 있거나 간부 야유회에 갔다는 이유일 수도 있다) 만을 사설에 수용했었을 수도 있다. 특히 텍스트 주제 "직원 잡지의 내용", 기술적 주제 전개, 사실적 정보 제공 기능 등은 대화가 부족한 사설로 이끌고 있다. 직원 참여의 가능성도 배제되고 있는데, 그 가능성은 예를 들면 인트라넷 xxxx넷 사용 방법 데모 모임의 조직, 가장 많이 제기되는 질문에 대한 대답, 인터넷의 미래의 발전 경향의 제시 등이다. 그리고 "직장에서의 건강"이라는 주제를 상세하게 다루어서 영양 전문가의 기고와 직원들의 보도로 그 주제를 문제화(자세 결함, 등의 통증 등등) 시킬 수도 있다.

보기 6

　여기서의 연구 대상 회사의 직원 잡지는 A4크기의 8쪽 분량, 4색으로 인쇄된 출판물이다. 이 잡지는 에이전시에 의해 외부에서 제작되고 년 4회 발행된다. 내용적으로는 부서 소개, 여행 보도, 스포츠 보도, 여러 인물 동정으로 구성되어 있다. 사설은 편집팀 여직원이 작성하였다. 사진은 실리지 않았다. 회사는 서비스 회사이다. 텍스트는 다음과 같다:

【본문 텍스트】

　I. *xxxx* {전임자의 이름}의 후임자로 우리 회사 신문의 편집팀에 합류하게 되어 매우 기쁩니다. (2) 저는 2월 초부터 *xxxx* {회사명}에서 근무하고 있으며, 교육 과정에서의 행정적 업무 외에 특히 *xxxx* 회계 {사내 회계 명칭}를 담당하고 있습니다. (3) 멋진 출발을 할 수 있어서 모든 분들께 진심으로 감사 드립니다.

　II. (4) 이번 호에서는 어떤 일을 보도하느냐구요? (5) *xxxx* {집필자 1의 이름}가 캥거루의 나라로 우리를 안내해서 매혹적인 동물과 식물의 세계와 더불어 그 대륙에서의 체험과 인상을 이야기합니다. (6) *xxxx* {집필자 2의 이름}에게 있어서는 캥거루가 뛰놀지는 않고 골프 공이 뛰놉니다. (7) 올해의 축구 축제에서는 공이 약간 커졌고, 실내 경기장 바닥의 구멍이 바라건대 약간 더 작아졌으면 합니다 – 간단한 사진 회의에 의한 인상은 2쪽에.

　(8) 우리가 근무 중에 항상 좋은 기분을 유지하기 위해서는 각자가 자신의 일자리를 꾸며야 합니다. (9) 우리는 일자리를 구했고 또 찾았습니다. 독특하고, 재미있고 더 이상 말이 필요 없고, 아주 개성 있게 설치된 일자리. (10) 우리의 *xxxx* {만화 주인공의 이름}의 활기찬 이야기는 당연히 빼놓을 수 없습니다 – 우리의 주인공도 자기 나름대로 초봄의 햇빛을 느끼고 있습니다!

【이름】

【부서 명칭】

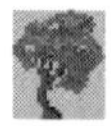

Erscheint 4 mal jährlich

REISWAFFELN UND BLAUE BIBELN

Editorial

Als Nachfolgerin von ▮▮▮▮ *freue ich mich sehr, auch im Redaktionsteam unserer Hauszeitung mitzuwirken. Ich bin seit Anfang Februar im* ▮▮▮ *tätig und betreue neben administrativen Tätigkeiten in der Ausbildung vor allem die* ▮▮ *Buchhaltung. Für den tollen Start an alle ein herzliches Dankeschön.*

Was berichten wir in dieser Ausgabe? ▮▮▮▮ *entführt uns ins Känguruhland und berichtet von ihren Erlebnissen und Eindrücken auf diesem Kontinent mit seiner faszinierenden Tier- und Pflanzenwelt. Bei* ▮▮ ▮▮ *springen nicht die Känguruhs davon, sondern die Golfbälle. Bei der diesjährigen Fussball-Gala waren die Bälle etwas grösser und die Löcher im Hallenboden hoffentlich etwas weniger - Impressionen anhand einer kurzen Fotosession auf Seite 2.*

Damit wir uns bei der täglichen Arbeit auch rundum wohlfühlen, gestaltet jeder seinen eigenen Arbeitsplatz. Wir haben sie gesucht und gefunden: originelle, witzige und für sich sprechende, ganz persönlich eingerichtete Arbeitsplätze.

Selbstverständlich darf eine aufmunternde Story von unserem ▮▮▮ *nicht fehlen - auch er spürt die ersten Frühlingssonnenstrahlen auf seine Weise!*

Was ist ein Chargeback?

In unserer Reihe „Wunderwelt des ▮▮▮▮" stellen wir Ihnen heute eine weniger bekannte Spezies vor, die ▮▮▮▮▮ Wir können grundsätzlich zwei Unterarten unterscheiden. Die ▮▮▮, die sich eher von Reiswaffeln, Obst, Joghurt und Kuchen ernähren, und die ▮▮▮▮, die Zigaretten und Kaffee zu bevorzugen scheinen. Es gibt aber Ausnahmen in beiden Gruppen. Gemeinsam ist ihnen aber eine Lautsprache, die sich weitgehend aus Englisch, Deutsch, Französisch, Codes und Zahlen zusammensetzt. Einzelne Exemplare benutzen ausserhalb des Stammes aber auch Türkisch, Tagalog, Kantonesisch, Italienisch, Thai, Gujarati oder sogar Walliser Dialekt. Sie scheinen auch eine gemeinsame Religion zu haben, denn sie rezitieren dauernd und inbrünstig Verse aus blauen Büchern (s. Foto), genannt die „▮▮▮▮

Welche Rolle spielen nun die ▮▮▮▮?

„▮▮▮▮" heisst nichts anderes als „▮▮▮▮", die durch die Beanstandung eines ▮▮▮▮ oder einen ▮▮▮▮ ausgelöst wird.

Vielleicht waren Sie auch schon einmal nicht ganz mit Ihrer ▮▮▮▮ einverstanden. Nach der Rückkehr aus den Ferien stellten Sie fest, dass z.B. der Souvenir Einkauf in Rhodos doppelt verrechnet wurde oder der freundliche jamaikanische Autovermieter verspätet noch eine Nachbelastung für einen Kratzer oder eine Beule vorgenommen hatte. Nach Ihrer Reklamation im Kundendienst beginnt dann die Arbeit des ▮▮▮▮ Das ▮▮ Team wird dann, gestützt auf Ihre Beanstandung

Fortsetzung auf Seite 8

Inhalt

이 사설은 두 부분으로 나눠져 있다. 첫 번째 부분(1~3)에서는 사설의 집필자는 자신을 편집팀의 새 멤버로 소개하면서 직원들에게 따뜻하게 맞아주어 감사하다는 인사를 한다. "집필자 소개"라는 주제를 지닌 이 텍스트 부분은 앞으로의 분석에 중요하지 않기 때문에 자세하게 다루지 않는다.

두 번째 부분(4~10)에서는 "직원 잡지의 내용"이라는 텍스트 주제를 찾을 수 있다. 이번 호의 기사들이 소개되고 짧게 해설되고 있다.

집필자는 회사 정책적인 변화(예를 들어 새로운 목표, 변화된 시장 상황과 경쟁 상황에 의한 기회와 문제 등)나 사내 동향(예컨대 새로운 프로젝트와 제품 등)에 대해서도 주제로 삼지 않고 있다. 집필자는 단지 직원 잡지의 내용만 소개한다. 텍스트의 이러한 단순한 주제 구성 방식은 문법적인 차원에서는 단 하나의 시제로서 현재 시제를 사용하는 것과 결부되어 있다.

이 사설의 중심적 기능은 직원들 대한 정보이다:

(4~5) 이번 호에서는 어떤 일을 보도 하느냐구요? xxxx [집필자 1의
　　　이름]가 캥거루의 나라로 우리를 안내해서 매혹적인 동물과 식
　　　물의 세계와 더불어 그 대륙에서의 체험과 인상을 이야기합니다.

내용의 서술은 사실에 충실하고 있다. 집필자는 사태를 평가적 입장이나 더 큰 연관성 속에서의 분류 없이 단지 전달만 하고 있다. 하지만 여기서도 기사의 선택이나 사설에서의 순서가 이미 하나의 평가인 것이다. 어떠한 기사가 선택되고, 어떤 순서로 배열되고, 이러한 선택과 배열은 무엇을 말하는가?

편집자는 중점 기사에 이르기까지 모든 사건들을 선택하고 있다. 먼저 세 번째 기사("프레이저 섬")를, 다음에 다섯 번째("골프의 세계", 그리고 두 번째("축구 축제"), 마지막으로 네 번째 기사("직원들의 일자리")를 다루고 있다. 기사 선택이나 순서에서 어떠한 논리적이고 구조적인

컨셉을 확인할 수가 없다.

5~7 문장에 나오는 세 번째, 다섯 번째, 두 번째 기사의 연결이 특히 흥미롭다. 개별 기사들은 짧게 설명되면서 명시적 재수용을 통해 서로 연결되고 있다:

(5~7) xxxx [집필자 1의 이름]가 *캥거루의 나라*로 우리를 안내해서 매혹적인 동물과 식물의 세계와 더불어 그 대륙에서의 체험과 인상을 이야기합니다. xxxx [집필자 2의 이름]에게 있어서는 *캥거루가 뛰놀지는 않고 골프 공이 뛰놉니다*. 올해의 축구 축제에서는 *공이 약간 커졌고 실내 경기장 바닥의 구멍이 바라건대 약간 더 작아졌으면 합니다*-간단한 사진 회의에 의한 인상은 2쪽에.

문장들이 일치되는 대상의 자질들에 근거하여 연상을 통해 서로 결합되어 있지 어떠한 단일한 내용적인 핵심에 근거하여 서로 연결되어 있지는 않다. 이는 다음과 같이 풀어쓰기가 가능하다:

● 캥거루뿐만 아니라 골프 공도 뛰어 다닌다(5/6).
● 골프 공뿐만 아니라 축구공도 공이다(6/7).
● 실내 경기장뿐만 아니라 골프장에도 구멍이 있다(6/7).

이러한 결합은 임의적이며 거의 무한대로 계속될 수 있다. 이 같은 점은 기사의 선택과 순서에도 적용된다. 집필자는 기사 작성에 관한 확고한 지식과 실제적인 경험이 적은 것으로 보인다. 기사들의 흥미로운 결합이 일어나지 않고 있으며 비판적인 언급이나 그 이상의 안내도 없다. 짧게 말하면 사설 전체가 별 도움이 되지 않는다.

경영학 문헌에서는 "사원에 의한 사원을 위한" 잡지는 근본적으로 신뢰성을 강조한다라는 주장이 자주 제기되기는 한다. 하지만 여기서의 보기를 보면 이러한 진술은 상대화되어야 한다. 집필자에게 이러한 잘못의 책임을 넘길 수는 없다. 그 반대로 회사가 사원들과 관련하여 과연 어떠한 커뮤니케이션 목표를 추구하는지에 대한 의문이 생겨난다.

보기 7

이번 직원 잡지는 A4 크기의 36쪽에 달하는 흑백 출판물이다. 이 잡지는 여러 가지 형식적인 결함을 보인다. 페이지 레이아웃도 일정하지 않고, 인쇄 컨셉도 일관되지 않고, 기사 배치도 단일하지 않고, 사진 편집도 없으며, 쪽수도 매기지 않고 있다. 이 잡지는 한 여직원의 여행기, 시, 캐리커처, 위트, 요리법을 담고 있다. 사설의 집필자는 편집진의 일원이며 인물 사진은 실지 않았다. 연구 대상 회사는 정신병원이다. 텍스트는 다음과 같다:

【표제】
사설

【본문 텍스트】
(1) 비가 내리네요, 추워졌고요, 나무들이 울긋불긋한 잎들을 떨구고 있고요, 저는 여러 번이나 아이스하키 경기에서 추워서 떨었어요, 말하자면 가을이 되었네요, 그리고 제 임무는 겨울호를 위한 사설을 쓰는 것입니다!
(2) 여러분들께서 이번 호를 펼쳐보시고 혹시라도 이 쪽의 여기를 읽으시면 이미 실제로 겨울이겠지요, 아니 성탄절이 얼마 남지 않았을 거예요
(3) 요셉 폰 아이헨도르프는 다음의 시에서 그렇게나 아름다운 성탄절 시기(강림절에서 연말까지, 특히 성탄절 전후시기, 역쥬 동안에 인터라켄에서 제가 가장 즐기는 일을 묘사하고 있습니다!
'시장과 거리는 텅 비어있고

Editorial

Es regnet, es ist kalt geworden, die Bäume verlieren ihre gold-braun-rot gefärbten Blätter, ich habe bereits mehrere Male an einem 1. Liga Eishockeymatch gefroren, kurz gesagt es ist <u>Herbst</u> geworden und meine Aufgabe ist es, das Editorial für die <u>Winterausgabe</u> zu schreiben !

Wenn Ihr aber diese Ausgabe durchblättert und vielleicht auch diese Seite hier liest, ist es tatsächlich schon Winter, sogar schon kurz vor Weihnachten.

Joseph von Eichendorff beschreibt im folgenden Gedicht meine Lieblingsbeschäftigung in Interlaken während der doch so schönen Weihnachtszeit:

'Markt und Strassen stehn verlassen,
Still erleuchtet jedes Haus.
Sinnend geh' ich durch die Gassen,
Alles sieht so festlich aus...

Sterne hoch die Kreise schlingen,
Aus des Schnees Einsamkeit
Steigt's wie wunderbares Singen -
O du gnadenreiche Zeit !'

Überzeugt Euch selber...

In diesem Sinne wünsche ich allen Leserinnen und Lesern recht schöne und frohe Weihnachtsfeiertage sowie viel Glück, Gesundheit und Zufriedenheit im neuen Jahr 1999 !!!

조용히 온 집을 비추고 있네.
곰곰이 생각하며 골목을 걸어가면,
모든 것이 잔치 분위기이네……

별들은 높이 원을 그리고,
흰눈의 고독함에서
놀라운 노래처럼 번지네—
오 그대 자비로운 시간이여!'

(4) 여러분 스스로 확신해 보세요……
(5) 그런 의미에서 모든 독자 여러분들께 정말 아름답고 즐거운 성탄
절 축제와 1999년 새해에 많은 행운, 건강, 만족을 기원합니다!!

【이름】

여기에서는 "성탄절"이 주제이다. 집필자는 텍스트 주제를 부분 과
정으로 나누어서 시간적인 순서에 따라 개략적이고 짧게 서술하고 있다:
(1) 가을— (2) 겨울— (2) 성탄절— (3) 성탄절 시기— (5) 1999년 새해
에. 이 텍스트는 주제 차원에서 직원 잡지의 사설이라는 것을 인식할 수
있는 자질을 보여주지 않는다. 회사와 관련된 정보가 없다(경제 동향, 시
장 추이, 경쟁 업체 동향, 새로운 프로젝트와 제품, 각 부서에 대한 정
보, 직원들의 기념일, 야유회, 체육 행사 등). 이 글은 예컨대 스포츠클럽
이나 음악 단체의 출판물의 서두에 위치할 수도 있다. 언어적인 면에서
는 텍스트 시작 부분에서 간단한 문장들의 연결과 병렬이 눈에 띄는데
이는 다음과 같이 서술될 수도 있다:

(1) 비가 내리네요. (2) 추워졌고요. (3) 나무들이 울긋불긋한 잎들을
떨구고 있고요. (4) 저는 여러 번이나 아이스하키 경기에서 추워서 떨
었어요. (5) 말하자면 가을이 되었네요. (6) 그리고 제 임무는 겨울호를
위한 사설을 쓰는 것입니다!

오리지널에 비해 변화된 구두점은 문법적인 면에서는 중요하지 않으나 구두점이 글을 읽을 때에 소리 형태에 영향을 줌으로써 문체와 음조 면에서는 중요하다. 그러면 이는 집필자의 커뮤니케이션 의도와 관련하여 무엇을 말하는가?

집필자는 보통 문학 텍스트에서(그것도 특히 서정시에서) 사용되는 언어적 문체를 사용하고 있다:

(1) 비가 내리네요, 추워졌고요, 나무들이 울긋불긋한 잎들을 떨구고 있고요 ……

(3) 요셉 폰 아이헨도르프는 다음의 시에서 *정말 그렇게나 아름다운 성탄절 동안에 인터라켄에서 제가 가장 늘기는 일*을 묘사하고 있습니다:

이러한 요소들은 아이스하키 경기나 사설 집필의 임무에 대한 언급과 같은 현실과 관련되고 시사성이 있는 텍스트 구성 부분과는 명백한 대조를 이루고 있다. 여기서는 말하자면 실용 텍스트와 시적인 문체와의 (제멋대로의) 결합이 발견된다. 무엇이 집필자를 실용 텍스트와 문학 텍스트의 결합을 실행하도록 움직였을까?

집필자는 텍스트 기능 차원에서 자신에게 개인적인 접촉의 생성과 유지가 특히 중요하다는 것을 밝히고 있다. 이러한 접촉 기능은 특별히 축하 편지, 위로 편지, 연애 편지처럼 집필자들이 자신의 독자와 공감하고 있다는 점을 표현하는 소위 관여 텍스트의 특징을 이룬다.

특히 집필자가 사설의 집필을 부탁 받았다는 진술은 눈에 띈다. 우리는 여기서 텍스트의 작성 과정에 대한 집필자의 어려움을 주관적으로 표현하고 있다고 판단할 수 있다. 이런 생각을 좀더 밀고 나가면 사설 작성 과정은 다음과 같이 재구될 수 있다:

● 집필자는 겨울호의 직원 잡지 사설을 작성하라는 부탁을 받았다(예를 들어 편집팀 내에서 순번에 의해 책임을 맡는 이유 등으로).

- 겨울호의 중점 주제는 미리 정해졌다: "성탄절과 새해 전야제".
- 집필자는 해당 호에 대해 극심하게 고민하였고 요셉 폰 아이헨도르프의 시를 기억해내어 자신의 글의 중심에 내세웠다.
- 집필자는 시작 부분에서 그 시에다 몇 몇 개인적인 인상과 체험을 보충하였고, 끝부분에서는 상투적인 축하 인사를 보충하고 있다.

이 텍스트는 다른 사설들과는 달리 유달리 접촉 관련 특질을 보이고 있으며 독자들은 집필자에 대해서는 상당히 알게 되나 병원에서 일어나는 사건에 대해서는 아무것도 알지 못하는 실정이다. 집필자는 보아하니 회사의 동향과 변화에 관한 언급할 가치가 있는 정보를 얻지 못하고 있다. 특히 집필자가 사설의 작성 과정에서 지원을 할 수 있을 만한 대화 상대자나 보조 수단이 십중팔구는 없었을 것이다.

내부 커뮤니케이션 언어에 대한 중간 결과

원칙적으로는 우리는 이 분야에서 훈련되지 않은 자연 상태를 관찰하게 된다. 모든 집필자들이 자신들이 옳다고 생각하는 그대로 글을 쓰고 있는 것이 확실하다. 이점은 분석에 이용된 6개의 보기만의 특이함이 아니라 많은 직원 잡지 가운데 우연하게 선택하여 분석해도 다시 발견하게되는 것이다.

하지만 텍스트 작성의 이러한 임의성은 치명적인 결과를 가져온다. 한편으로는 흔히 중요한 정보가 전달되지 않으며, 다른 한편으로는 직원들과의 대화의 교환이 이루어지지 않는 것이다. 다른 말로 하자면:

- 회사는 회사의 전략적인 방향 설정에 필요한 하나의 중요한 정보 도구를 뜻깊게 이용하는 기회를 놓치는 것이다.

● 회사는 사원들을 의사 결정 과정에 끌어들이지 못하는 것이다.

스위스 연방철도국(SBB)의 직원 잡지인 "SBB 신문"에서 노력하고 있듯이 직원 잡지의 대화적 방향 설정은 현재까지 하나의 예외인 것이다.

이미 조직에 대한 연구에서 확인되었듯이 내부 커뮤니케이션 언어의 분석에서도 대화 결핍이 발견되었다. 언어학적인 텍스트 분석과 그와 연관된 커뮤니케이션 의도의 부각을 통해 그에 대한 두 가지 원인을 인식할 수 있다. 그 하나는 대화 결핍이 의식적인 은폐에 원인이 있고, 다른 하나는 집필자들의 텍스트 작성 능력의 부족이다.

의식적 은폐

두 개의 사설에서 경영진과 직원들간의 언어적 교류가 의식적으로 은폐되었다. 직원들과의 대화가 추구되지 않고 완전히 중단되었다. 회사 대표들은 경제 동향을 사원들의 일자리 상황에 위협이 되는 것으로 보고 있다. 이들은 개혁 과정을 현재의 여건, 부분 절차, 목표설정에 대한 설명 없이 지시를 통해 관철시키려고 하고 있다. 개별 결정 단계에 대한 지식은 간부 차원에 머물러 있으며 파워 정책적으로 이용되고 있다. 이들은 특히 직원들에 대하여 아무런 의무를 지고 있지 않다. 사원들에 의한 추가 비용이 요구되고는 있지만 경영진과 간부진의 분담금은 증액되지 않고 있다.

부족한 경험

큰 문제는 기사 작성에 있어서의 부족한 경험이다. 각각의 필자들은 대부분 저널리즘 훈련을 받지 않았고, 저널리즘적인 문체에 지식이 없고, 직원들을 동참시키는 기법도 없으며, 언어적 교류를 제창하고 유지하는 기법도 지니고 있지 않다.

많은 사설에서 피드백을 호소하는 일이 없었고 사설에서 제기된 주제를 심화시키고 사원의 시각에서 다루는 기사들이 부재하고 있다. 또한 전문가들이 하나의 중심 주제를 심도 있게 다루고 직원들의 질문에 답하는 대화 모임에 대한 안내가 거의 없는 실정이다.

사원들의 주의를 끄는 혁신적인 아이디어와 사원들을 몰두하게 하고 움직이게 하는 비판적인 중점 주제가 부재하고 있다. 많은 경우에 텍스트 구조가 불분명하며 필자의 사고 과정을 독자가 구조적으로 추적하기가 어렵다.

피드백에 대한 호소는 없으며 다루어진 주제들은 사원들의 관심과 관련이 되는 일은 드물다.

요약

이제 기본적인 문제 제기에 대한 얼개는 제시되었다: 내부 커뮤니케이션은 보통 내부 정보로 운영되고 있다. 조직상의 차원이나 언어적인 차원에서도 내부 커뮤니케이션에서는 대화 부재가 확인된다.

*조직상의 차원*에서는 대부분의 대기업들이 대화적인 내부 커뮤니케이션 운영에 필요한 구조적인 전제 조건들을 갖추고 있지 않다는 것이 밝혀졌다. 기업들은 직원 설문조사를 실시하지 않고 있으며 따라서 사원들의 태도와 욕구에 대한 믿을만한 데이터를 갖고 있지 않다.

　　대기업들은 전문가의 관리 하에 충분한 인력이 포괄적인 내부 커뮤니케이션의 다양한 과제를 실행하는 내부 커뮤니케이션 부서를 두고 있지 않으며, 여러 가지 과제들이 실행될 수 있는 체계적인 매체 인프라도 보유하지 않고 있다.

　　*언어적 차원*에서는 대부분의 경우에 의도적으로 중단되지는 않으나 경영진에 의해 언어적 부족을 개선하기 위한 노력을 찾아볼 수가 없었다.

　　대화의 교환이 비록 몇몇 소수의 경우에서만 직접적으로 은폐되고 있지만 중요한 내부 커뮤니케이션 과제들이 교육과 훈련이 부족한 직원에 의해 수행되고 있다는 것은 커뮤니케이션 책임자들의 발언을 통해 서술되는 것보다 실제에 있어서는 내부 커뮤니케이션에 부여하는 의미가 더 작다는 것을 말한다.

　　내부 커뮤니케이션의 핵심 매체의 틀 안에서 사원들에게 상담을 해주고 사원들과 교류하는 가능성이 전문적으로 인식되고 있는 경우가 놀랄 정도로 드물었다. 내부 커뮤니케이션은 대부분의 대기업에서 립서비스(lip-service)일 뿐이다. 그 의미가 강조되고는 있지만 구체적인 실행에 있어서는 전혀 다른 모습을 보여주고 있다.

　　내부 커뮤니케이션은 보통 푸대접을 받고 있는 처지이다. 사원들이 경영진의 의사 결정 과정에 동참하는 일은 드물다. 인간적인 접촉도 가능하지 않다. 내부 커뮤니케이션은 실제에 있어서는 이 커뮤니케이션 도구의 의미에 부적합한 무관심 속에서 다양하게 실행되고 있다.

　　전체 대기업의 대략 1/3이 내부 커뮤니케이션의 중요성을 파악한 것으로 보이며 투명하고 대화적인 내부 커뮤니케이션을 운영하고 있다. 이러한 기업들은 제조 회사와 서비스 회사 두 분야에서 찾아볼 수 있다. 이 기업들은 필요한 조직상의 전제 조건들을 갖추고 있으며 언어적인 차원에서는 발화의 투명성, 직원들의 참여, 사원들에 대한 경영진의 의무 등이 특징을 이루고 있다. 그렇지만 전체적으로 보아서 대기업의 내부 커뮤니케이션 개선을 위해서 긴급한 행동이 요구된다.

3 내부 커뮤니케이션의
개선책은?

결함은 명백하다—하지만 그 결함을 제거하기 위하여 어떠한 조치를 취해야 하나?

결함의 종류와 규모에 따라서 내부 커뮤니케이션의 개별적 개선책과 총체적 개선책으로 구분될 수 있다. 개별적 개선책의 경우에는 내부 커뮤니케이션의 개별적인 조직적 또는 언어적 조치가 보완되고 새로 도입되며, 총체적 개선책의 경우에는 내부 커뮤니케이션 전체(예컨대 기업 구조 조정의 틀 안에서)가 보완되고 새로 도입된다.

개별적 개선책은 물론 총체적 개선책도 내부 커뮤니케이션으로써 회사와 사원들을 위한 개선을 할 수 있다는 경영진의 의지에 근거해야만 한다.

개별적·총체적 개선책이 도입된 후에는 그 기능 발휘에 큰 주의를 기울여야만 한다. 개선책의 불연속성은 직원들에게 부정적인 영향을 주기 때문이다. 프로젝트의 틀을 벗어나지 못하거나 몇 주 혹은 몇 개월 후에 다시금 예전 구조로 되돌아가는 조치들은 직원들 사이에 불만과 체념을 불러일으킨다. 임시 변통이나 급작스럽게 이루어져서 차후에 다시 무관심 속에 잊혀지는 조치들은 사원들이 경영진에 대한 신뢰를 잃어버리게 하고 장차 새로운 개선책을 회의적으로 바라보게 만든다. 그러면 어떠한 조직적이고 언어적인 개별 개선책들이 회사의 결과에 의거하여 권고될 수 있으며, 어떻게 총체적 내부 커뮤니케이션 개선책이 준비되고 실행될 수 있는가?

내부 커뮤니케이션의 변화는 경영진과 고위 간부진의 적극적인 지원과 강력한 참여가 있어야만 가능하다. 이들은 내부 커뮤니케이션 개선책을 승인해야만 할 뿐만 아니라 실천의 모범을 보여야 한다. 그들의 태도와 행동은 개선책들의 수용 혹은 거부에 결정적인 역할을 한다. 개선책은 공포되었으나 지원은 부족한 상태의 모순에 사원들은 흔히 민감하고 거부적인 반응을 보인다. 사원들은 개선책들이 순전히 코스메틱인지 아니면 진실한 의도가 배후에 있는지를 인식한다. 개선책들이 내부 혹은 외부 커뮤니케이션 책임자들에 의해 제창될 수는 있지만 개선된 내부 커뮤니케이션의 성공 여부는 경영진과 고위 간부진의 기본 태도가 결정한다.

조직에 대한 개별적 개선

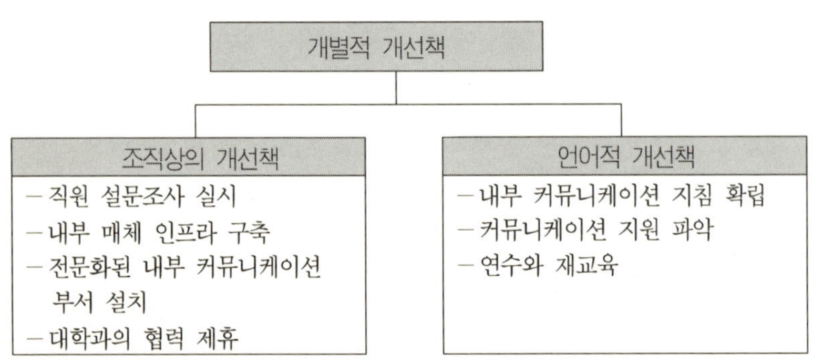

직원 설문조사

본 연구가 분명하게 보여주듯이 전체 대기업 가운데 1/3만이 내부 커뮤니케이션의 정규적인 도구로서 직원 설문조사를 이용한다. 하지만 직원 설문조사는 내부 커뮤니케이션의 목표 그룹 방향 설정에서 기초를 이룬다. 개별적인 직원 그룹의 태도와 욕구가 알려져야만 역시 그에 맞는 내용으로 그에 적합한 매체로 실행될 수가 있다. 직원 설문조사는 특히 부분 과정(사전 정보, 자료 수집, 결과 공표 등)에서 사원들과의 대화를 운영하고 유지하는 많은 가능성을 창출해 낸다.

이 때 성공적이고 대화적인 설문조사가 되기 위한 일정한 요구 사항이 있다. 직원 설문조사는 정기적이고 명확하게 정해진 시간 간격으로 실시되어야 한다. 질문된 주제의 전개와 변화를 확정하기 위해 일정한 질문들은 규칙적인 시간 간격으로 되풀이되어 제기되는 것이 좋다. 그래야 예컨대 커뮤니케이션 정책들의 성공 여부가 분명해지고 정립된 자료를 바탕으로 해서 필요한 개선책이 도입될 수가 있다.

직원 설문조사는 기초 조사와 긴급 조사가 가능한 설문조사 구조를 보여주어야 한다. 기초 조사는 회사의 모든 직원들에게 실시되고 회사와 관련된 주제들에 대한 기본적인 태도와 욕구를 파악한다. 긴급 조사는 개별 직원들이나 전체 직원들 가운데 무작위 표본을 대상으로 개별적인 최신 주제들에 관해 설문조사를 한다. 예를 들어 인트라넷 도입이나 직원 잡지 보완 또는 새로운 대화 모임 전후의 분위기 지표와 수용성 지표에 대해 실시될 수가 있다.

각 직급의 직원 대표들은 사원들의 시각에서 설문조사 내용에 대한 아이디어와 제안을 제공할 수 있게 설문조사 구상 단계에서부터 프로젝트 팀에 합류시켜야 한다. 그래야만 조사 대상 주제들이 직원들에게 중요하며 그 결과가 그들에 의해 관심 있게 받아들여진다는 것이 확실하게 될 수 있다. 그리고 또한 직원 대표를 포함시키면 경영진에 대한 신뢰와 조작적이지 않고 투명한 설문조사가 강화될 수 있다.

설문조사의 결과는 프로젝트가 끝날 때에 경영진이나 간부진에게 부정적인 정보를 담고 있거나 회사 외부의 여론에 흘러 갈 위험이 있더라도 모든 경우에 직원들에게 알려야 한다. 직원들의 태도와 의견이 경영진 차원에서 알고 사라질 것이라면 조사되어 수합되어서는 안 된다. 커뮤니케이션의 성과는 그 결과의 배후에 비판적으로 질문을 던지고, 지난 몇 년간의 발전 동향을 밝히며, 만일의 결핍을 해결하기 위한 조치가 제시되면서 자료 수집 후에야 비로소 가시화된다. 규칙적으로 정해진 설문조사 구조와 모든 직급의 사원 대표들이 포함되어서 실시되고 그 결과가 투명하게 공표 되는 직원 설문조사는 대화적인 내부 커뮤니케이션의 기초를 이루며 동시에 그 첫 번째 실현인 것이다.

내부 매체 인프라의 구축

제기된 대화 과제와 이용된 정보 전달 매체와의 불일치가 연구에 의해 밝혀졌다. 이러한 모순은 내부 매체 인프라의 구축을 통해 제거되어야 한다.

- 이용되는 모든 매체는 목표 그룹, 기능, 내용, 시간 적용, 형식 등과 관련하여 분명하게 정의되어야 하고 다른 매체와도 조율되어야 한다.
- 모든 매체는 사전에 특수한 내용을 지닌 특정한 목표 그룹에 맞추어져야 하고 매체 인프라 안에서 분명하게 정해진 기능을 충족해야 한다.
- 특히 매체 서로간에 시간적으로 조율되어서 커뮤니케이션 정책들이 아무런 의도 없이 병존하지 않도록 한다.
- 또한 내부 매체는 단일한 구성 지침의 적용에 의해 형식적으로 내

부 매체 인프라의 한 부분으로 인식될 수 있어야 하며 외부 매체에 · 비해 시각적으로 구분되어야 한다.

내용적, 시간적, 형식적인 통합은 선택된 전달 사항이 회사 내에서의 목표 그룹에 올바르게 전달되고 그 목표 그룹에 의해 신속하고 문제없이 수용되도록 해준다. 매체 인프라 안에서는 대화 매체와 직원 잡지를 계속하여 이용하는 것이 중요하다. 이 둘은 대화적인 내부 커뮤니케이션의 핵심 매체라고 말할 수 있다. 게다가 이용된 내부 매체의 점검과 감독을 위해 내부 커뮤니케이션 연구가 확립되어야 한다. 이 것은 어떤 모습일까?

대화 매체의 이용 강화

대화 정책은 변화와 발전을 체험 가능하게 만들어주고, 여러 직급의 직원들을 단결하게 하고, 대화 정책이 없이는 성립될 수 없는 사회적 접촉을 가능하게 해준다. 대화는 경영진과 직원 사이의 거리감을 감소시키고 상호간의 더 많은 신뢰에 이르게 해준다.

무엇보다도 기업이 신속하게 변화에 반응해야 하는 시대에 있어서는, 대화 매체에 중요한 의미가 부여된다. 이는 독일에서 1994년 Karstadt AG와 Hertie Gmb(두 회사는 독일의 백화점 - 역주)의 합병에서 인상적으로 증명해주고 있다. 이때 가능한 신속하고 포괄적으로 회사의 구조 조정을 실시할 수 있게 하기 위해 전체 대화 매체가 투입되어 서로 조율되고 정보 매체와 결합되었다.

내부 커뮤니케이션 활동의 시발점은 간부진에 의해 직접 판매 인력들에게 교부되었던 회사 구조 조정을 위한 특별 출판물인 "호외"였다. 동시에 부서장들은 개혁 과정에 대한 프레젠테이션과 강연을 개최했다. 두 회사의 간부진이 참석한 워크숍은 지식 교환과 상호간의 친교에 이용되었다. 파트너 회사를 직원들에게 소개하고 문턱 공포증을 없애기 위해 비디오 저널이 만들어졌다. 전체 회사를 포괄하는 프로젝트를 동행하는 정보지가 비디오로 발간된 것이다. 매 정보지에는 직원들의 질문에 답할 수 있는 담당자가 명시되었다. 마지막으로 상호간의 과정이 투명해지고 서로 다른 기업 문화가 융화될 수 있도록 관리 부서와 판매 부서에서 직원 교류가 이루어졌다. 사원들은 광범위하게 경영진의 의사 결정에 동참하게 되었고 이로 인해 변화에 대한 수용이 이루어졌으며 직원들의 신뢰를 얻게 되었다.

대화 매체는 예외 상황이나 기업 구조 조정 또는 기업 위기에서만 활동해서는 안되며 매체 인프라의 일상적인 부분이 되어야 한다. 내부 전시회, 경영진과 직원간의 대화 모임, 만남을 위한 회합, 회사 방문일 등은 새로운 자극을 줄 수 있으며 내부 커뮤니케이션의 지속적인 부분이어야 한다.

직원 잡지의 이용 강화

본 연구가 밝히고 있는 바와 같이 직원 잡지는 지금까지 생각하고 있는 것 보다 더 적은 수의 회사들이 이용하고 있다. 매체 인프라의 확고한 부분으로서의 직원 잡지는 직원들에게 관련 과정들을 전해주고 피드백을 가능하게 하거나 내부 커뮤니케이션에 새로운 자극을 줄 수도 있다.

이 부분에서도 한 대기업이 직원 잡지로 성공한 예를 제공한다. 독일 IBM의 3만 직원들은 자신들의 눈을 의심하며 성탄절 바로 전에 배부된 "리포트"－특별호 7/1990에서 눈을 떼지 못했다. 이 잡지는 처음부터 끝까지 모두 공백이었기 때문이었다. 편집진은 "생각을 위한 리포트"라고 마지막 표지 위에 간단하게 논평을 실으면서 의아해 하는 사원들에게 "우리는 엄청나게 많이 알고 있다"라는 제목의 책을 쓴 미국 작가

Neil Postman의 강연을 예약하라고 촉구했다. 독일 IBM의 공장과 사무실에는 분노의 폭풍이 휘몰아쳤다. 경영진과 아무런 협의가 없이 이를 기획했던 편집진에게 85명의 격분한 직원이 편지를 했으나 120명의 직원은 신중하고 동감을 표하는 글을 보냈고 다른 900여 명은 그 잡지를 주문했다. 이 행동은 특히 광범위한 논의를 불러 일으켰고 내부 커뮤니케이션에 새로운 활력을 불어넣었다.

직원 잡지는 내부 커뮤니케이션의 핵심 매체로서 사내에서 더 많이 받아들여져야 하며 가능하면 전문적인 도움을 받아 구상되고, 형성되고, 제작되어야 한다. 많은 대기업이 전문적으로 편집되고 제작된 직원 잡지의 중요성을 인식하여 외부 전문가와 협력하고 있다. 예를 들어 스위스 제약회사인 Novartis에서는 외부 에이전시와 협력하여 "Novartis live"라는 직원 잡지가 창간되었다. 이 잡지는 스위스에서 일년에 14번 내지 15번, 48쪽의 분량으로 5만 부가 발행된다. 컨설팅 회사 PricewaterhouseCoopers도 일년에 여섯 번 4500부를 발행하는 직원 잡지 "@pwc.ch"에 전문적인 지원을 받고 있다.

독일에서는 기업들이 휘포 은행(Hypo-Bank)처럼 오래 전부터 직원 잡지의 구상과 제작에 외부 성과를 주로 이용한다. 이러한 경우에는 대부분 직원 잡지의 구상은 기업과 외부 에이전시 의해 공동으로 완성되고 에이전시는 제작과 생산을 맡으며 기업은 내부 컨설팅, 조정, 배포를 책임진다.

기업과 외부 전문가의 협력을 통해 매력적이고, 재미있고, 사실을 전달하며, 간부진과 사원들에게 흥미로운 출판물이 만들어 질 수 있다. 이러한 직원 잡지는 전 직원이 회사 사정을 더 용이하게 이해하고 각자의 업무를 회사 상황에 더 잘 통합하도록 해준다.

내부 커뮤니케이션 연구의 도입

외부 커뮤니케이션에서는 사용된 수단과 매체의 작용에 대한 검토는 일상적인 작업이다. 내부 커뮤니케이션에서는 사용된 수단과 매체의 점검이 없는 것으로 보인다. 그에 대한 연구의 가능성과 도구들은 경영학 전공 서적에서도 실질적으로 제외되어 있다. 지금까지 대기업의 내부 커뮤니케이션의 성과와 결과를 검증하기 위해 확립된 도구는 하나도 없다.

따라서 외부 커뮤니케이션에서 사용된 도구들이 내부 커뮤니케이션에 적용될 수 있는지 아니면 새로운 분석 도구들이 개발되어야 하는지를 검토해야 한다. 특히 외부 연구물이 내부 설문조사와 연결될 수 있는지도 검토되어야 한다.

그래서 예컨대 내부와 외부의 목표 그룹에 의한 새 광고 캠페인에 대한 평가는 큰 관심거리일 수 있다. 그 결과는 서로 비교될 수 있으며 커뮤니케이션 정책에 대해 내부 의견과 외부 의견이 드러날 수 있다. 점검 도구의 완성을 위해서는 대학이나 외부 컨설턴트와의 협력을 구해야 한다.

내부 커뮤니케이션 부서 설치

직원들의 태도와 욕구에 대한 기본 지식(직원 설문조사), 관련 정보의 전달과 직원들과의 대화 교환 운영을 위한 적절한 매체(내부 매체 인프라) 외에도 내부 커뮤니케이션의 다양한 과제를 계획하고 조정하고 이행하기 위해서는 충분히 훈련된 인력도 필요하다. 바로 이점에서 본 연구가 증명하듯이 많은 결함이 나타난다. 전체 대기업의 1/3만이 인력이 갖추어진 전문화된 부서를 설치하고 있다. 전체 기업의 8%만이 책임 있는 내부 커뮤니케이션 매니저가 활동한다.

따라서 전문화된 내부 커뮤니케이션 담당 부서의 설치는 절실하게
필요한 일이다 :

- 이 부서는 경영진 직속이어야 하며 정보 흐름과 커뮤니케이션 흐름
  의 시작에 위치해야 한다.
- 이 부서는 모든 내부 정책의 구상과 기획을 맡고 감시하는 내부 커
  뮤니케이션 매니저에 의해 운영되어야 한다.
- 내부 커뮤니케이션 매니저는 또한 계획된 정책들을 경영진과 외부
  커뮤니케이션 책임자들과 함께 토의하고 조정해야 하며, 다른 부서
  에 대해 내부 커뮤니케이션의 이해(와 더불어 직원들의 이해도)를
  관철시킬 수 있어야 한다.
- 내부 커뮤니케이션 매니지먼트는 내부 상담, 발표, 대화 행사 진행,
  외부 전문가와의 협력(직원 설문조사, 내부 매체 에이전시 등등의
  시장 조사 기관과 여론 조사 기관)과 같은 다양한 과제를 맡을 수
  있다.

내부 커뮤니케이션 매니저는 언어학이나 사회과학을 전공하고 커뮤
니케이션 분야에서 업무 경험이 있는 것이 이상적이다.

내부 커뮤니케이션 매니지먼트 부서에는 신문방송학이나 저널리즘을
공부한 사내 저널리스트가 배치되어야 한다. 사내 저널리스트는 내부 문
자 매체의 편집에 관한 모든 일을 담당하고 우선적으로 현대적이고 대화
적인 직원 잡지의 출간을 담당한다. 이들은 특히 언어학자와의 협력 하
에 "겸직" 편집인 교육을 담당할 수 있다.

기사 작성에서의 중재한 결함이 그렇게 제거될 수 있고 "사원에 의
한 사원을 위한" 직원 잡지의 장점이 더 잘 실현될 수 있다.

기업의 규모, 내부 매체 인프라, 또 그와 관련된 과제에 따라서 그
외의 행정 담당 직원들이 내부 커뮤니케이션 부서에 투입되어야 한다.

왜냐하면 충분하고 잘 교육된 인력만이 대화적인 내부 커뮤니케이
션의 다양한 과제를 실행할 수 있기 때문이다.

대학과의 협력 제휴

많은 커뮤니케이션 책임자들에게는 내부 커뮤니케이션을 활성화시키고 매력적으로 만들기 위한 전문 지식과 필요한 혁신적 아이디어가 부족한 것으로 보인다. 이 지식과 필요한 혁신력은 대학과의 협력을 통해 기업에 유입되어야 한다. 그 이유는 대학에는 이론적으로 습득한 지식을 실행하기를 기다리는 젊은 연구자들이 있기 때문이다.

여기서 생각할 수 있는 방안은 경영학, 언어학, 심리학적 시각에서 새로운 매체 인프라의 구상과 평가와 같은 기업과 관련된 변화의 학제적 문제 해결책이다. 그리고 새로 도입된 내부 매체의 영향과 같은 장기 연구 프로젝트들은 실질적으로 대학과의 협력이 있어야만 가능한 일이다. 그래서 독일 아우그스부르크(Augsburg)대학의 사회학·커뮤니케이션학과는 아우디(AUDI)사와 장기적 협력에 돌입했다. 1984년부터 아우디와 아우그스부르크 대학은 "대규모 조직에서의 커뮤니케이션 행동과 정보 행동"이라는 연구 계획으로 자동차 회사의 내부 커뮤니케이션을 분석했다. 이 연구에서는 일반적인 내부 정보 과정과 커뮤니케이션 과정의 연구 그리고 고위 간부진의 정보 행동과 커뮤니케이션 행동의 평가 외에 특히 새로운 정책의 도입과 그와 연관된 내부 커뮤니케이션의 변화가 분석되었다.

특히 언어학의 경우에는 그 지식을 내부 커뮤니케이션 분야에서 실무에 더 많이 도입하도록 하는데 구체적으로 행동할 필요가 있다. 이 분야에서의 언어학적 연구 결과는 지금까지 기업에 거의 받아들여지지 않고 있다. 기업에서의 언어와 관련된 질문과 문제가 언어학자에 의해 다뤄지는 일이 거의 없고 그리고 기업에서의 언어와 커뮤니케이션에 관한 수많은 인식이 활용되지 않고 있는 역설적인 상황에 처해 있다.

내부 커뮤니케이션에 대한 문제는 지금까지 경영학자와 기업 심리학자에 의해 다뤄져 왔다.

대기업들은 이렇게 활용되지 않은 지식을 끌어들여서 젊은 전문가들의 혁신과 변화의 힘을 기업 내부 커뮤니케이션의 "신세포 주입 요법"으로 생각해야 한다. 대기업들은 내부 커뮤니케이션 개선을 위한 과제에 언어학을 더 많이 이용해야 한다. 언어학은 언어 체계의 구조와 기능에 대한 학문적인 인식과 언어 현상 연구에 대한 발달된 방법론에 힘입어 기업에서의 구체적인 커뮤니케이션 문제에 대한 답을 제공할 수 있기 때문이다. 언어학은 언어 문제의 분석과 최적화를 통해 기업에서 있을 수 있는 오해와 혼란이 제거되고 대화적인 내부 커뮤니케이션을 위한 토대가 확립되는데 도움을 줄 수 있다.

언어에 대한 개별적 개선책

내부 커뮤니케이션 지침 확립

거의 모든 대기업은 내부 커뮤니케이션의 과제와 목표를 정하고 있는 커뮤니케이션 지침을 갖추고 있다. 하지만 직원 설문조사, 대화적인 매체 인프라, 전문화된 내부 커뮤니케이션 부서의 인력 등에서 부족함이 있다.

다음 단계에서는 이러한 괴리에 대한 원인을 알아내기 위해 지침들이 분석되고 현존하고 있는 정책들과 비교되어야 한다. 그런 다음에 내부 커뮤니케이션 지침은 새로 정해져야 하고 그 감시도 구속력 있게 확정되어야 한다. 이 경우에 지침들에 내부 커뮤니케이션의 조직 차원뿐만 아니라 언어적 차원도 고려되도록 주의를 기울여야 한다. 그리고 어떠한 부서가 어떤 시점에 누구와 어떤 종류의 정보를 교환하고 대화를 나누는지가 정해져야 하고, 언어가 기업 문화에서 어떤 기능을 맡고 있으며 어떻게 그 기능이 그에 부합하여 형성되어야 하는지도 확정되어야 한다. 예를 들어 여성과 남성의 언어적 평등이나 기업의 표준화된 표현 형식 (기업 어휘)의 확립이 이에 속할 수 있겠다.

내부 커뮤니케이션 도우미의 작성

훈련이 덜 된 집필자들은 흔히 많은 양의 기사들 가운데 어떤 기고문을 선택하고 어떻게 이들이 긴장감 있고 관심을 끄는 방식으로 연결될 수 있을 것인가를 알지 못한다. 이 경우 직원 잡지의 기초가 되어 있는 내용 컨셉은 그 집필자들에게 아무런 도움을 주지 못한다. 직원 잡지의 내용 컨셉이 구조적이지 않고 개별 기고문들이 명백한 분류(예컨대 항목별로) 없이 함께 배열되어 진다면 집필자들이 어떻게 논리적이고 구조적인 근거에 따라 구성된 텍스트를 작성할 수 있겠는가?

첫 번째 단계에서 우선 기고문의 수, 순서, 종류를 정하는 내용 컨셉이 내부 출판물을 위해 확립되어야 한다. 내용 컨셉은 특히 직원 잡지 내에서의 일정한 연출을 만들어 낼 수 있기 위해 텍스트 작성에 책임이 있는 사람과 각각의 기사 형식(뉴스, 코멘트, 촌평 등등)을 포함하고 있어야 한다.

두 번째 단계에서는 실제 중심적으로 여러 가지 내부 텍스트의 작성을 위한 가장 중요한 "도움말과 요령"을 취합해 놓은 커뮤니케이션 도우미의 작성이 권장될 만 하다.

구두로 하는 내부 커뮤니케이션 분야를 위해서도 커뮤니케이션 도우미의 작성과 도움이 권장된다. 커뮤니케이션 도우미는 예를 들어 회의가 어떻게 하면 효과적으로 구성되고, 회의가 어떻게 이상적으로 진행되고, 어떻게 하면 몸짓, 목소리의 높이, 자세 등이 자신의 발언에 상응하는 의미를 부여할 수 있는가 하는 것들을 담고 있다.

게다가 커뮤니케이션 도우미는 각 회사에 두루 통용될 수 있는 의사 소통 방식들을 담을 수 있고 사람간의 커뮤니케이션에서 "해야 될 것과 하지 말아야 할 것"을 정할 수 있다. 이런 점은 커뮤니케이션 도우미가 언어적이고 상황적인 예들의 도움으로 언제 그리고 어떻게 사회적 알력의 "보통의"정도가 넘는가 하는 것을 밝혀주면서 예방적 모빙(mobbing) 퇴치에도 이용될 수 있다.

그럼으로써 경영진은 사내에서 직원들간의 갈등은 발붙이지 못하고 그에 대한 조치가 취해진다는 분명한 의사 표현을 하는 것이다.

문자와 구두 분야에서의 커뮤니케이션 도우미는 언제라도 손에 넣을 수 있는 참고서로 구상되어야 한다. 그 내용은 텍스트 작성 훈련과 대화 훈련에서 토론될 수 있고 "포켓 가이드"로 기능해야 한다. 그리고 인트라넷에도 저장되거나 문자 분야에서의 추가 옵션으로 텍스트 작성 프로그램과 연결될 수도 있다.

연수와 재교육

경영진, 커뮤니케이션 책임자, 편집진은 연수와 재교육을 통해 더 많은 교육을 받아야 한다. 지금까지 재교육은 중간과 하위 직급의 직원들에게만 간략하게 진행되었고 대부분 외국어 교육에 제한되어 왔다. 더군다나 강의식의 전면 수업(교사가 학생들 앞에서 수업을 진행하는 방식 —역주)과 같은 전통적이고 더 이상 시대에 맞지 않는 교육 형식이 실제 교육의 주를 이루고 있다. 거기다 분야를 뛰어 넘는 재교육을 어렵게 하는 경직된 조직 구조도 문제이다.

재교육 컨셉은 급속한 속도로 변화하는 가치와 직원들의 개인적인 목표 설정은 생각하지 않고 작성되었거나 그 전의 교육 프로그램에서 검토되지 않고 물려받았기 때문에 많은 경우에 그 기능을 다하지 못한다.

협상 기법, 비즈니스 서신, 전화 커뮤니케이션 등과 같은 대부분의 분야에서 외부적이고 내부적으로 긍정적 영향이 있는 개선책이 실시되어야 한다.

텍스트 작성 훈련

텍스트 작성 훈련은 당연히 언어학 전공자들의 책임 영역이다. 언어학 전공자들은 대부분 필요한 전공 지식과 방법론적 지식을 갖추고 있다.

그런 훈련은 내부 출판물(예컨대 직원 잡지), 내부 문서 교환(예컨대 정보 회람), 내부 서류(예컨대 의사록)의 개선 작업에 사용될 수 있다. 특별히 사내용 텍스트를 많이 작성하는 부서는 인사 부서, 내부 커뮤니케이션 부서, 직원 대표단 등이다. 이런 부서에서는 우선적으로 텍스트 작성 훈련을 제공하여 직원들을 다음의 점들에 유의하여 교육시킨다 :

- 여러 가지 텍스트 종류의 형식적인 구조
- 과제 중심적 텍스트 작성
- 적절하지 못하게 작성된 텍스트의 위험성
- 언어적 보조 도구의 사용
- 언어 레퍼토리의 확대
- 언어 스타일과 기업 문화의 일치

이런 점과 또 다른 점들의 교육은 사내용 텍스트가 더욱 분명하고 효과적이며 설득적이 되어서 직원들은 그 텍스트들을 더 좋고 편안한 것으로 생각한다. 경영진은 특히 사내에서 직원들에게 어떠한 의미를 부여하고 있는지에 대한 긍정적인 의사 표현을 하는 것이다. 사원들은 "내부 고객"으로서 신속하고 용이하게 읽혀지는 쉽게 이해되고 매력적인 텍스트들을 취급하게 된다.

대화 훈련과 커뮤니케이션 훈련

언어학 전공자들은 교육 과정에서 이미 대화 훈련과 커뮤니케이션 훈련에 대한 이론적인 기초와 부분적으로는 실제적인 기초도 갖추고 있다. 하지만 여기에다 교수법과 교육학적인 지식이 보충되어야 한다. 많은 언어학 전공자들은 교사 활동에 대비하여 교수법과 교육학 강의에 참석하고 있으며 대부분 대학에서 증명하는 자격증을 갖추고 있다. 대화 훈련과 커뮤니케이션 훈련의 모든 측면에 부합되는 교육 과정을 심리학이나 경제학에서는 제공하지 않기 때문에 언어학 전공자들이 가장 잘 준비된 교육 인력이라고 말할 수 있다.

훈련에서 전달될 수 있는 것의 범위는 아주 넓다. 언어적 능력, 비언어적 능력, 상호작용 능력, 인지적 능력 등이 전달 될 수 있다:

언어적 능력과 비언어적 능력

1. 언어의 일반적 측면들
2. 이해 가능한 정보 전달과 대화 운영의 전제 조건들
3. 정보 전달과 대화 운영에서의 심리적 측면들
4. 몸짓 언어(의미, 형식, 기능)
5. 일반적인 스피치 능력

상호작용 능력

6. 자기 개방성에의 용기(순수성, 감정의 표현)
7. 긍정적인 자기상(像) 형성(주체성, 자신감)
8. 개인적인 의지(적극성, 접촉 준비성)
9. 다양한 의견과 시민의 용기
10. 역지사지 능력
11. 다양한 역할을 맡아보는 능력
12. 상황에 맞게 행동 양식을 변화하는 능력
13. 행동에서의 직접성
14. 대화 능력

15. 그룹에서의 대화 운영
16. 진행 기법과 시각화 기법
17. 갈등을 건설적으로 다루는 능력
18. 비판을 건설적으로 받아들이는 능력
19. 문제를 건설적으로 다루는 능력
20. 피드백 적용의 능력
21. 메타커뮤니케이션에서의 능력
22. 사회적 관계의 문제에 관한 지식
23. 커뮤니케이션 과정의 분석 능력

인지적 능력
24. 지각 문제에 관한 인지적 지식
25. 정보 수용에 있어서의 민감성
26. 사회적 과정에 대한 민감성
27. (적극적인) 듣기
28. 목표 지향성
29. 예감 능력

출전: Wahren(1987: 200)

이러한 단서로부터 훈련 코스의 목표를 달성하기 위해서는 각각 필수적인 부분들을 서로 연결하여 가능한 개별적인 대화 훈련과 커뮤니케이션 훈련 프로그램이 구성되어야 한다.

총체적 개선책

총체적 개선책은 더 심도 있는 조치이다. 총체적 개선책은 세밀하게 계획되어 기업 커뮤니케이션의 목표 그리고 과제와 조율되면서 장기적으로 추진되어야 한다. 총체적 개선안은 장기 과제인데 그 결과로 수많은

내부 긴장과 갈등이 생겨나고 해결되어야 한다.

따라서 통일된 기본 태도와 경영진과 고위 간부진의 참여가 매우 결정적이다. 내부 커뮤니케이션에 대한 총체적 개선책은 경영진에 의해 승인 받아야 할 뿐만 아니라 지원되고 필요한 경우에는 전력으로 관철되어야 하기 때문이다. 새로운 내부 커뮤니케이션 스타일은 경영진에 의해 실천되어 모범을 보여야 한다. 그렇지 않으면 개선안은 단순히 개혁을 하고 있다는 알리바이로만 머물게 된다.

총체적 개선안을 인정한다는 것은 동시에 직원들의 중요성을 한층 더 인정한다는 "학습하는 기업"에 대한 지지이다.

개선된 내부 커뮤니케이션을 계획하고 실행하는데는 다단계의 절차가 선택되어야 한다. 이는 분석 단계, 전략 단계, 도입 단계, 관리 단계로 구분될 수 있다(152쪽 표 참조).

조직상의 구조와 언어 구조 그리고 그 결함에 대한 정보가 담긴 세밀한 현 상황 분석은 내부 커뮤니케이션의 총체적 개선을 위한 기초를 이룬다. 조직 차원에서는 현재의 책임, 내부 매체 인프라, 인력, 내부 커뮤니케이션 지침, 직원 설문조사의 빈도 등이 분석되어야 한다. 언어적 차원에서는 여러 가지 형식의 구두로 이루어지는 토의와 회의 그리고 문자로 이루어지는 가장 중요한 내부 매체가 언어학적으로 분석되어야 한다. 그리고 특히 외부 커뮤니케이션, 기업 커뮤니케이션, 경영진을 연결하는 부서가 정해져야 한다. 이와 같은 포괄적인 결과에 의거해서만이 커뮤니케이션 목표와 여러 목표 그룹이 정해질 수 있다.

경영진에 의해 이 같은 항목들이 승인된 후에 새로운 커뮤니케이션 전략이 설계된다. "포지셔닝 모델"에서는 회사의 현재와 미래의 위치가 기록되고 그와 연관된 내부 커뮤니케이션의 과제도 기록된다. 이 모델의 기초 위에 개선된 내부 커뮤니케이션의 목표 설정을 나타내는 짧은 형식의 "임무 진술"이 만들어진다.

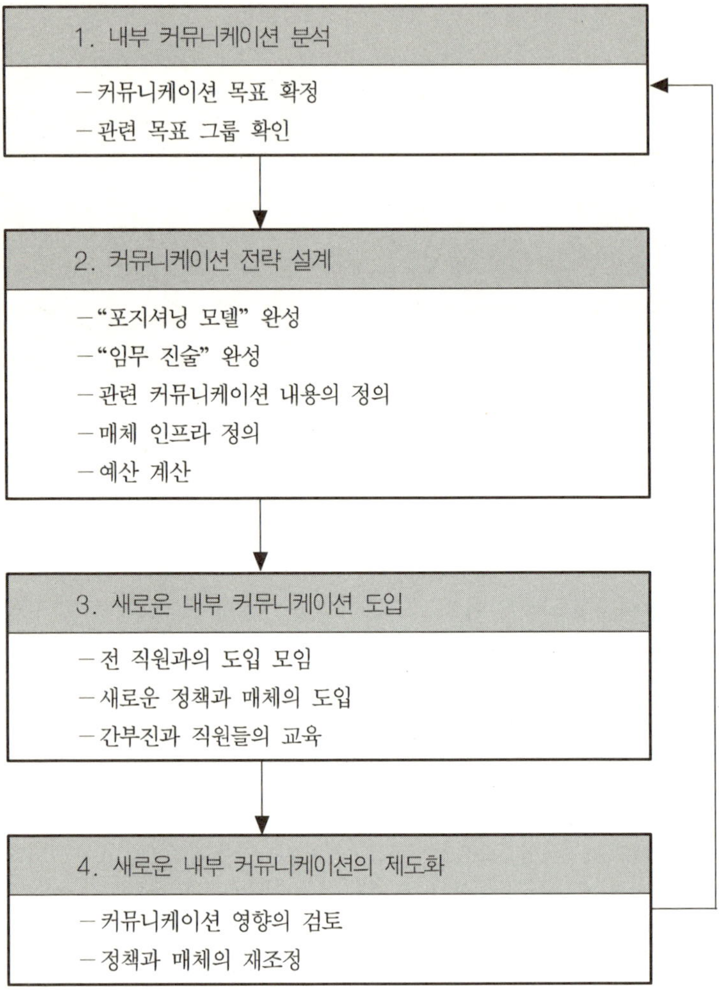

1. 내부 커뮤니케이션 분석
－커뮤니케이션 목표 확정 －관련 목표 그룹 확인

2. 커뮤니케이션 전략 설계
－"포지셔닝 모델" 완성 －"임무 진술" 완성 －관련 커뮤니케이션 내용의 정의 －매체 인프라 정의 －예산 계산

3. 새로운 내부 커뮤니케이션 도입
－전 직원과의 도입 모임 －새로운 정책과 매체의 도입 －간부진과 직원들의 교육

4. 새로운 내부 커뮤니케이션의 제도화
－커뮤니케이션 영향의 검토 －정책과 매체의 재조정

　　여기에서 조직상의 측면뿐만 아니라 기업 문화적인 측면들도 첨가되도록 하는 것이 결정적이다. 기업은 여기에서 자신의 문화적 핵심 가치들을 정착시키고, 경쟁사에 대해 자신을 차별화하고, 자신의 이미지를 내부에서 외부로 근본적으로 변화시키는 기회를 갖는다.

　　"포지셔닝 모델"과 "임무 진술"의 완성 외에 어떤 내용이 어떤 목표 그룹에 어떤 시점에 전달되는가하는 커뮤니케이션 전략도 정해져야

한다. 매체 인프라도 구축되어야 한다. 매체 인프라는 개선된 내부 커뮤니케이션의 도입과 차후 일상적인 실행에 있어서도 결정적인 정도로 그 성공과 실패를 결정하게 된다. 또한 도입과 관리 단계의 비용도 계산해야 된다. 이 점에서는 인건비 외에 개선된 매체 인프라 비용이 특히 중요하다. 커뮤니케이션 전략의 모든 항목들은 개별적인 조치들이 실행되기 전에 경영진에 의해 승인되어야 한다.

가능한 조기에 그리고 전사적으로 도입이 예고되어야 하고 전 직원을 위한 대화 모임을 열어 체험 가능하게 만들어야 한다. 왜냐하면 직원 모임의 틀 안에서의 예고의 방식, 준비 기간, 발제 활성화 등은 이미 새로운 내부 커뮤니케이션의 첫 번째 구성 부분이며 그 수용에 결정적으로 기여하기 때문이다.

새로 도입되거나 개선된 내부 매체에서의 변화된 내부 커뮤니케이션을 주제로 삼는 것 외에 워크숍, 훈련, 토론 모임에서 변화된 내부 커뮤니케이션의 새로운 가치와 내용을 논의하는 일이 이루어져야 한다. 그리고 또한 여러 직급을 망라한 전 직원이 격려, 아이디어, 제안 등을 새 내부 커뮤니케이션의 책임자에게 직접 전할 수 있는 직접 채널이 개설되고 유지되어야 한다. 직원들은 새로운 관계 형식을 상사들이 받아들이게끔 요구하도록 독려되어야 하고, 경영진은 새로운 커뮤니케이션 형식을 실행하는 의무를 상사들에게 부과해야 한다.

과거에 내부 커뮤니케이션을 소홀히 취급했던 기업에서는 특히 이 항목이 대단히 중요하다. 그런 회사에서는 체계적이지 않은 커뮤니케이션 중심들과 커뮤니케이션 하위 문화들이 발달되어 있다. 이 들은 개선된 내부 커뮤니케이션의 도입에 의해 자신들의 영향력이 빼앗긴다고 보고 총체적 개선안을 무시하거나 심지어 방해하려는 온갖 노력을 기울이게 된다. 이러한 커뮤니케이션의 "지배 본거지"는 개선된 내부 커뮤니케이션의 도입 과정에서 모든 힘을 다해 퇴치되어야 한다.

도입 단계가 지난 후에는 개혁이 제도화되어야 한다. 변화된 정책과 가치들은 정착되어야 하고 매일 실천되어야 한다. 그렇게 해야 자명한 것이 되고 또 기업 문화의 일부분이 된다. 그리고 실시된 정책들은 일정한 시간 간격으로 감독되고 그 영향을 분석해야 한다. 그러한 방식의 유연한 수정은 "스스로 학습하는" 기업의 발전 과정과 개혁 과정에 이르게 한다.

여기에서 이론적이고 간결하게 소개한 내부 커뮤니케이션의 총체적 개선의 가능성은 이제 하나의 예를 통해 분명히 밝혀질 것이다. 기업 구조 조정의 틀 내에서의 독일 휘포 은행(Hypo-Bank)의 근본적인 내부 커뮤니케이션 개혁이 그 예이다.

독일 휘포 은행(Hypo-Bank)의 총체적 개선책

80년대 초에, 독일 휘포 은행(Hypo-Bank)에 대한 한 연구는 내부 커뮤니케이션의 눈에 띄는 결함을 밝혀냈다. 은행의 경영진은 전적으로 "은행 내부에서의 커뮤니케이션 개선"이라는 주제를 논의할 회의를 소집했고 그 결과 개선된 내부 커뮤니케이션의 실천 방안이 통과되었다.

1982년 가을, 내부 커뮤니케이션의 현 상황을 조사하고 첫 번째 연구 분석에서 확정된 결함을 분명하게 만들어준 첫 번째 직원 설문조사가 실시되었다. 이어서 경영진은 전체 고위 간부진, 직원, 전체 부서장과 더불어 워크숍과 대화 회합에서 현재의 상황과 의도하고 있는 앞으로의 절차에 대해 토론했다. 내부 커뮤니케이션의 개선 방안이 전사적으로 실시되기 전에 경영진과 고위 간부진간에 설문조사를 통해 드러난 커뮤니케이션 결함을 우선적으로 해결하는데 특히 워크숍이 이용되었다.

1989년 초에는, 마침내 내부 커뮤니케이션과 외부 커뮤니케이션이 새로 설치된 기업 커뮤니케이션 부서에 통합되었다. 이 부서는 경영진 직속으로 무엇보다도 내부 커뮤니케이션, 홍보, 광고, 기업 이미지 등을

총괄했다. 내부 커뮤니케이션에는 특히 개혁 과정에서의 성공 요인이라는 역할이 부여되었다. 내부 매체는 서로 연결되고 조율되어 최초의 내부 매체 인프라가 탄생되었다:

1. **간부진과의 지속적인 커뮤니케이션**
   - 커뮤니케이션 포럼
   - 간부진 서신
   - 상담 모임
   - 간부진 정보
   - 커뮤니케이션 포럼에 대한 책자

2. **직원들과의 지속적인 커뮤니케이션**
   - 직원 신문
   - 현장 대화
   - 안내 전화

3. **중요 위원회에 대한 정기적 정보**
   - 전체 근로자 협의회
   - 경제 위원회
   - 선도 사원들의 대표자 위원회

구조 조정 동안에는 이와 같은 표준적 매체 외에도 다른 일련의 매체들도 이용되었다. 이에는 일련의 지역적 오리엔테이션 모임이 속하는데, 이 모임에서는 직원들에게 앞으로의 은행 구조, 새로운 과제와 직업상의 기회, 새로운 직장 상사 등에 관해 알려주고 직원들이 구조 조정의 책임자들과 대화를 나눌 수 있도록 했다.

그리고 구조 조정 과정에서 이용되었던 매체는 안내 전화, 소문 전화, 프로젝트에 관한 특별 출판물 시리즈가 있었다. 10년이 넘는 개혁 과정에서 가장 중요한 매체들이 걸러져서 정기적으로 검토되고 개선되었다. 해당 기업의 매체 인프라에 대한 다음의 표는 경험에서 자라난 커뮤니케이션 정책의 특성을 보여준다.

도구	목표 그룹	빈도수	책임자
직접적, 개인적 커뮤니케이션			
대화 회합	OFK와 이사	연 1회	이사
결산 회의	OFK와 이사	연 1회	이사
가을 회의	OFK와 이사	연 1회	U, P
OFK의 연초 회의	OFK	연 1회	기업컴매니저
지점장 회의	각 지점 간부	연 2회	부문장
전문부서장 회의	장/전문부문의 부서	연 2~4회	부문장
부문 토론	OFK/부문의 간부	사내컴계획	부문장
사업분야 토론	사업분야의 간부	사내컴계획	장/사업분야
지점 토론	직원/지점의 간부	사내컴계획	지점장
부서 토론	부서의 직원	사내컴계획	부서장
그룹 토론	그룹의 직원	사내컴계획	그룹장
직원 대화	개별 직원들	필요한 경우	상사
세미나/훈련	상이함	상이함	P와 전문 분야
연수원 모임	업분야/지점의 직원	필요한 경우	GB, 지점, 전문부서의 장
회사회의	전직원[1]	필요한 경우	대표이사 내지는 GB의 장
비공개회의	상이함	필요한 경우	
팀개발회의	조직단위의 전직원	필요한 경우	P와 상사
종이 매체			
간부진 서신	고위간부 내지는 전 간부	필요한 경우	대표이사
이사진 서신	간부[2]	필요한 경우	이사
간부진 정보	전간부	필요한 경우	UK/M
IWD	전직원[3]	필요한 경우	O/ORG
AO/전문 부서			
Hypopress	전직원	연 9회	UK/M
최신 Hypopress	전직원	필요한 경우	UK/M
Hypopress special	전직원[3]	필요한 경우	UK/M
고용시장	전직원	주간	P

직원용 책자	전직원[3]	필요한 경우	UK/M
전문 부서의 출판물	전문부서의 전직원[3]	필요한 경우	부서장
Blue Board	일정 공간의 전직원	필요한 경우	여럿
전자 매체			
안내 터미널	라인의 전직원[4]	필요한 경우	부문장 O
스피커	Z의 전직원[2]	필요한 경우	O/ORG
전화 회의	예) 라인의 간부[5]	필요한 경우	
안내 전화	전직원[6]	지속적으로	UK/M
AV 매체	필요에 의해	필요한 경우	AV위원회

(OFK=고위간부진, U=경영진, P=인사부처, UK=기업커뮤니케이션 부서,
M=미디어 담당부서, GB=사업분야)

[1]특정한 분야에도 선별적으로

[2]특정한 간부사원 그룹에도 선별적으로 가능

[3]특정한 직원 그룹에도 선별적으로 가능

[4]고객 영업이 우선

[5]참가자는 개별적으로 정해짐

[6]정보 전달만!

1992년 현재　　출처: Dotzler/Schick(1993: 134)

전망

경험적 연구가 밝히고 있듯이 내부 커뮤니케이션의 잠재력은 폭넓게 인식되고는 있지만 지금까지 소수의 대기업에서만 필요한 전문성을 갖추고 실행되고 있다. 실제에 있어서 조직상의 차원에서나 언어적 차원에서 부분적으로는 현저한 결함을 보여주고 있다.

조직 차원에서는 특히 내부 커뮤니케이션 활동의 기초로서의 직원 설문조사 미실시, 내부 커뮤니케이션 전문 부서 내에서의 전문 인력 부족, 정해진 대화 과제를 실행할 수 있는 대화 매체의 부족이 나타난다.

언어적 차원에서는 목표 지향적이고 대화적인 텍스트 작성에서의 문제가 등장한다. 직원들과의 정기적인 언어적 교류는 매우 소수의 기업에서만 가능하다. 내부 커뮤니케이션은 대부분의 대기업에서도 여전히 내부 정보로서만 운영되고 있다. 기업의 좀 더 많은 유연성과 역동성은 폭넓게 정보를 얻고 있고 동기 부여된 직원들에 의해 거의 실천되고 있지 못하다.

경쟁에서의 장점으로 내부 커뮤니케이션을 바라보는 시각이 아직 책임자들의 머리 속에 자리잡고 있지 못하고 기껏해야 구호로만 인식되고 있다. 특히 커뮤니케이션 책임자들에게서 내부 정책과 매체의 실행에 있어 수동성과 무관심도 드러난다.

내부 커뮤니케이션의 가능성이 인식되면 한층 강력한 전문성으로 운영되어야 한다. 내부 커뮤니케이션은 더 이상 홍보 부서나 인사 부서의 부속실로 이해되어서는 안 된다. 걸 맞는 권한, 예산, 직원 등이 있는 내부 커뮤니케이션 매니저는 더 많이 투입되어야 하고 다양한 과제를 맡아야 한다. 직원들은 이제 한층 더 내부 고객으로 간주되어야 한다. 직원들은 회사의 대부분의 성과를 산출하고 많은 분야에서 해당 회사를 외부에 대하여 대표한다.

직원들을 전문적으로 준비되고 실행된 정보로써 관리하고 직원들과 경영진간의 대화 운영은 이제 당연한 일이 되어야 한다. 여기에다 부정적인 것도 보도할 수 있게 하고, 문제가 발생하는 경우에는 입장을 밝히고 해결 방안을 제시하는 경영진의 능력도 필요하다. 경제계의 개방과 더불어 기업 내·외부의 커뮤니케이션 현상을 더 많이 연구할 것이 학계에 요구되고 있다.

내부 커뮤니케이션에 대한 경험적 연구는 이제 시작에 불과하다. 중요한 자극과 변화는 기업과 대학의 생각이 바뀌고 양측이 협력할 때만이 효과가 날 수 있다. 경제계는 더욱 투명해져야 하고 내부 커뮤니케이션 연구에 문을 열어야 한다. 다른 한편으로 학계는 실제 중심적인 방법들

과 도구들을 개발해야 한다. 왜냐하면 언어학과 같은 대학의 전공들이 구체적이고 기업의 실무에서 실행할 수 있고 응용할 수 있는 결과를 제공해야만 대학과 기업 상호간의 노력이 유용하고 양측의 밀접한 협력이 정당화되기 때문이다.

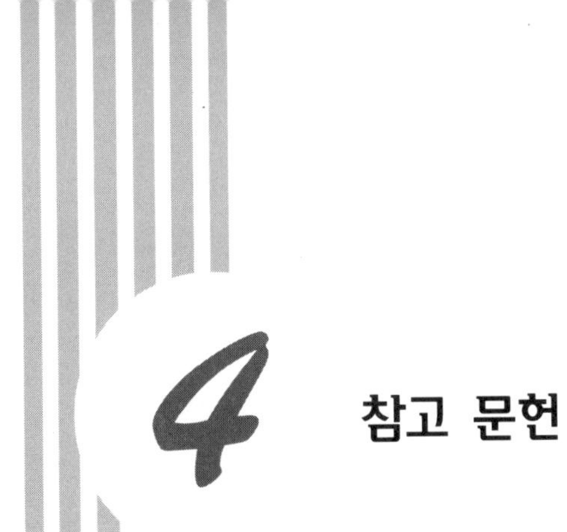

4 참고 문헌

1. 학문적 저서

Alewell, K. et al.(1972): *Anwendung des Systemkonzepts auf betriebswirtschaftliche Probleme.* In: Bleicher, K.(Hrsg.): Organisation als System. Gabler, Wiesbaden, S. 217~222.

Bartsch, E.(1994, Hrsg.): *Sprechen, Führen, Kooperieren in Betrieb und Verwaltung. Kommunikation in Unternehmen.* Ernst Reinhardt Verlag, München.

Baumann, K.-D.(1987): *Ein Versuch der ganzheitlichen Betrachtung von Fachtexten.* In: Hoffmann, L.(Hrsg.): Fachsprachen. Instrument und Objekt. Verlag Enzyklopädie, Leipzig, S. 10~22.

Becker-Mrotzek, M.(1992): *Diskursforschung und Kommunikation in Institutionen.* Julius Groos Verlag, Heidelberg.

Becker-Mrotzek, M./Doppler, Ch.(1999, Hrsg.): *Medium Sprache im*

Beruf. Eine Aufgabe für die Linguistik. Gunter Narr Verlag, Tübingen.

Berger et al.(1989): *Unternehmenskommunikation. Grundlage, Strategien,* Instrumente. Gabler GmbH, Frankfurt am Main.

Bleicher, K.(1972): *Die Entwicklung eines systemorientierten Organisations- und Führungsmodells der Unternehmung.* In: Bleicher, K.(Hrsg.): Organisation als System. Gabler, Wiesbaden, S. 235~296.

Bolten, J.(1991): *Interkulturelles Kommunikationstraining.* In: Bungarten, Th (Hrsg.): Konzepte zur Unternehmenskommunikation, Unternehmenskultur und Unternehmensidentität. Attikon Verlag, Tostedt, S. 41~43.

Brandt, M. et al.(1983): *Der Einfluss der kommunikativen Strategie auf die Textstruktur — dargestellt am Beispiel des Geschäftsbriefs.* In: Rosengren, I.(Hrsg.): Sprache und Pragmatik. Lunder Symposium 1982, Malmö, S. 105~135.

Brinker, K.(1983): *Textfunktionen. Ansätze zu ihrer Beschreibung.* In: Zeitschrift für germanistische Linguistik 11, S. 127~148.

Bruhn, M.(1990): *Marketing: Grundlagen für Studium und Praxis.* Gabler, Wiesbaden.

Bruhn, M.(1991): *Sicherstellung der Dienstleistungsqualität durch integrierte Kommunikation.* In: Bruhn, M./Stauss, B.(Hrsg.): Dienstleistungsqualität. Konzepte, Methoden, Erfahrungen. Gabler, Wiebaden, S. 137~165.

Bruhn, M.(1992): *Integrierte Unternehmenskommunikation. Ansatzpunkte für eine strategische und operative Umsetzung integrierter Kommunikationsarbeit.* Schäffer- Poeschel Verlag, Stuttgart.

Bruhn, M./Dahlhoff, H.D.(1993, **Hrsg.**): *Effizientes Kommunikations-*

management. Konzepte, Beispiele und Erfahrungen aus der integrierten Unternehmenskommunikation. Schäffer-Poeschel Verlag, Stuttgart.

Bruhn, M.(1995, Hrsg.): *Internes Marketing. Integration der Kunden- und Mitarbeiterorientierung. Grundlagen, Implementierung, Praxisbeispiele.* Gabler, Wiesbaden.

Bruhn, M.(1997): *Kommunikationspolitik. Bedeutung, Strategien, Instrumente.* Verlag Franz Vahlen. München.

Bruhn, M.(1998): *Interne Kommunikation.* In: Meyer, A(Hrsg.): Handbuch Dienstleistungs-Marketing. Schäffer-Poeschel Verlag, Stuttgart, S. 1045~1062.

Brünner, G.(1991): *Linguistik und Wirtschaft.* In: Klein, E.(Hrsg): Betriebslinguistik und Linguistikbetrieb. Akten des 24. Linguistischen Kolloquiums. Max Niemeyer Verlag, Tübingen, S. 3~12.

Brünner, G.(1992): *"Wenn gute Reden sie begleiten, dann fließt die Arbeit munter fort." Zum Verhältnis von Kommunikation und Arbeit in Wirtschaftsunternehmen.* In: Spillner, B.(Hrsg.): Wirtschaft und Sprache. Kongressbeiträge zur 22. Jahrestagung der Gesellschaft für Angewandte Linguistik. Forum Angewandete Linguistik, Bd. 23. Peter Lang, Frankfurt am Main, S. 25~42.

Brünner, G.(1993): *Mündliche Kommunikation in Fach und Beruf.* In: Bungarten, T.(Hrsg.): Fachsprachentheorie. Attikon Verlag, Tostedt, S. 730~771.

Brünner, G.(2000): *Wirtschaftskommunikation. Linguistische Analyse ihrer mündlichen Formen.* Max Niemeyer Verlag, Tübingen.

Bungarten, T.(1983): *Fachsprachen und Kommunikationskonflikte in der heutigen Zeit.* In: Kelz, H. P.(Hrsg.): Fachsprache. Dümmlers

Verlag, Bonn, S. 130～142.

Burger, H.(1990): *Sprache der Massenmedien.* De Gruyter, Berlin u. a.

Burger, H.(1991): *Das Gespräch in den Massenmedien.* De Gruyter, Berlin u. a.

Derieth, A.(1995): *Unternehmenskommunikation. Eine theoretische und empirische Analyse zur Kommunikationsqualität von Wirtschaftsorganisationen.* Westdeutscher Verlag, Opladen.

Deutsch, Ch.(1991): *Bessere Kommunikation im Unternehmen: Mitwissen, Mitreden, Mitgewinnen. Wie Top-Firmen ihre Mitarbeiter motivieren.* In: Management Wissen 4/1991. MP Management Press Verlag, München, s. 16～39.

Domsch, M./Landwig, D.(1995): *Mitarbeiterbefragungen als marktorientiertes Instrument einer professionellen Personalarbeit.* In: Bruhn, M.(Hrsg.): Internes Marketing. Gabler, Wiesbaden, S. 415～432.

Dotzler, H.-J./Schick, S.(1991): *Systematische Mitarbeiterkommunikation als Instrument der Qualitätssicherung.* In: Bruhn, M./Stauss, B.(Hrsg.): Dienstleistungsqualität. Konzepte, Methoden, Erfahrungen. Wiesbaden, S. 267～283.

Dotzler, H.-J./Schick, S.(1993): *Integration der Mitarbeiterkommunikation: das Beispiel Bayerische Hypotheken- und Wechsel-Bank.* In: Bruhn, M./Dahlhoff, H. D.(Hrsg.): Effizientes Kommunikationsmanagement. Konzepte, Beispiel und Erfahrungen aus der integrierten. Unternehmenskommunikation. Schäffer-poeschelverlag, Stuttgart, S. 127～143.

Dotzler, H.-J.(1995): *Gestaltung der internen Kommunikation als Grundlage marktorientierter Veränderungsprozesse ―am Beispiel der Hypo-Bank.* In: Bruhn, M. (Hrsg.): Internes Marketing Gabler, Wiesbaden, S.

221~237

Ehlich, K.(1999): *Vom Nutzen der "Funktionalen Pragmatik" für die angewandte Linguistik.* In: Becker-Mrotzek M./Doppler, Ch.(Hrsg.): Medium Sprache im Beruf. Eine Aufgabe für die Linguistik. Gunter Narr Verlag, Tübingen, S. 23~37.

Felser, P.(1995): *Intensität der Werbeforschung großer Werbetreibender.* Shaker, Aachen.

Fiehler, R.(1991): *Unternehmensphilosophie und Kommunikationsschulung.* Neue Wege und neue Probleme für betriebliche Kommunikationstrainings. In: Bungarten, Th.(Hrsg.): Konzepte zur Unternehmenskommunikation. Unternehmenskultur und Unternehmensidentität. Attikon Verlag, Tostedt, S. 67~69.

Fluck, H.-R.(1975): *Fachsprachen. Einführung und Bibliografie.* Francke, München.

Frey, J. et al.(1990): *Telefonumfragen in der Sozialforschung.* Methoden, Techniken, Befragungspraxis. Westdeutscher Verlag, Opladen.

Frilling, S.(1988): *Offizielle Informationsbroschüren: Ein Ansatz zur linguistischen Analyse institutionsgebundener Gebrauchstexte.* In: Reiter, N.(Hrsg.). Sprechen und Hören. Akten des 23. Linguistischen Kolloquiums, Berlin 1988. Max Niemeyer Verlag, Tübingen. S. 461~469.

Fuchs, H.(1972): *Systemtheorie.* In: Bleicher, K.(Hrsg.): Organisation als System. Gabler. Wiesbaden, S. 47~58.

Fuchs, H.(1973): *Systemtheorie und Organisation.* Die Theorie offener Systeme als Grundlage zur Erforschung und Gestaltung betrieblicher Systeme. Gabler, Wiesbaden.

Gelchsheimer, J.(1991): *Zur Bild-Text-Relation in den deutschsprachigen*

Betribsbroschüren. In: Bungarten, Th.(Hrsg.): Konzepte zur Unternehmenskommunikation, Unternehmenskultur und Unternehmensidentität. Attikon Verlag, Tostedt, S. 72~74.

George, W./Grönroos, Ch.(1998): Internes Makrketing: Kundenorientierte Mitarbeiter auf allen Unternehmensebenen. In: Bruhn, M.(Hrsg.): Internes Marketing. Integration der Kunden—und Mitarbeiterorientierung. Grundlagen, Implementierung, Praxisbeispiele. Gabler, Wiesbaden, S. 63~87.

Grochla, E.(1972): *Systemtheorie und Organisationstheorie.* In: Bleicher, K.(Hrsg.): Organisation als System. Gabler, Wiesbaden, S. 123~138.

Guenich, A.(1989): *Industrielles Kommunikationstraining als linguistisches Arbeitsfeld.* In: Reiter, N.(Hrsg.): Sprechen und Hören. Akten des 23. Linguistischen Kolloquiums, Berlin 1988. Max Niemeyer Verlag, Tübingen, S. 115~124.

Günther, Ud.(1999): *Linguistik und Industrie: Chancen der Zusammenarbeit.* In: Becker- Mrotzek M. / Doppler, Ch.(Hrsg.): Medium Sprache im Beruf. Eine Aufgabe für die Linguistik. Gunter Narr Verlag, Tübingen, S. 111~123.

Günther, Ul.(1992): *"und also das isch gar need es Tabu bi üs, nei, überhaupt need." Sprachliche Strategien bei Phone-in-Sendungen am Radio zu tabuisierten Themen.* Verlag Peter Lang. Bern u. a.

Günther, Ul.(1996a): *Innerbetriebliche Informationsvermittlung. Mündliche und schriftliche Kommunikation in Schweizer Großbetrieben.* In: Budin, G.(Hrsg.): Multilingualism in specialist communication. IITF, Wien, S. 771~784.

Günther, Ul.. /Wyss E. L.(1996b): *E-Mail-Briefe—eine neue Textsorte zwischen Mündlichkeit und Schriftlichkeit.* In: Hess-Lüttich, E. et

al.(Hrsg.): Textstrukturen im Medienwandel. Verlag Peter Lang, Bern u. a., S. 61~86.

Häcki Buhofer, A.(1985): *Schriftlichkeit im Alltag. Theoretische und empirische Aspekte—am Beispiel eines Schweizer Industriebetriebs.* Verlag Peter Lang, Bern u. a.

Häcki Buhofer, A.(1993): *Instrumentelles Schreiben im Alltag-Schriftliche Versandhandelskommunikation.* In: Werlen, I.(Hrsg.): Schweizer Soziolinguistik—Soziolinguistik in der Schweiz. Bulletin Cila Nr. 58, Neuchâtel.

Hartig, M.(1983): *Fachsprachen, Sprachplanung und Ziele der Sprachpolitik.* In: Kelz, H. P. (Hrsg.): Fachsprache. Dümmlers Verlag, Bonn, S. 118~129.

Heinemann, W./ Viehweger, D.(1991): *Textlinguistik.* Max Niemeyer Verlag, Tübingen.

Henke, A.-M.(1998): *Industrielle Fremdsprachenbedarfsermittlung als linguistisches Arbeitsfeld.* In: Reiter, N.(Hrsg). Sprechen und Hören. Akten des 23. Linguistischen Kolloquiums, Berlin 1988. Max Niemeyer Verlag, Tübingen, S. 103~114.

Henke, A.-M.(1991): *Zur Geschichte der Betriebslinguistik.* In: Klein, E.(Hrsg.): Betriebslinguistik und Linguistikbetrieb. Akten des 24. Linguistischen Kolloquiums.Max Niemeyer Verlag, Tübingen, S. 13~20.

Hilb, M.(1992, Hrsg.): *Innere Kündigung.* Ursachen und Lösungsansätze. Verlag Industrielle Organisation, Zürich.

Hoffmann, L.(1987): *Fachsprachen—Instrument und Objekt.* Verlag Enzyklopädie, Leipzig.

Kalmus, M.(1982): *Aufgaben und Probleme der innerbetrieblichen*

Öffentlichkeitsarbeit. In: Haedrich, G.(Hrsg.): Öffentlichkeitsarbeit. Dialog zwischen Institutionen und Gesellschaft. Walter de Gruyter, Berlin u. a., S. 93~105.

Kalmus, M.(1994): *Innerbetriebliche Kommunikation*. In: Kalt, G.(Hrsg.). Öffentlichkeitsarbeit und Werbung. Instrumente, Strategien, Perspektiven. 5.Auflage. Institut für Medienentwicklung und Kommunikation GmbH, Frankfurt am Main, S. 69~74.

Kern, W.(1992): *Veränderungen in der Unternehmung erfordern situationsgerechte Kommunikation*. In: Praxis 4/1992, S. 68~72.

Kleinberger Günther, U.(1998): *Medien im beruflichen Alltag*. In: Pfammater, R.(Hrsg.): Multi Media Mania. Reflexionen zu Aspekten Neuer Medien. UVK Medien, Konstanz, S. 157~172.

Knapp, K /Wagner, J.(1992): Betriebliche Sprach- und Kommunikationsstrukturen. In: Spillner, B.(Hrsg.). Wirtschaft und Sprache. Kongressbeiträge zur 22. Jahrestagung der Gesellschaft für Angewandte Linguistik. Forum Angewandte Linguistik, Bd. 23. Peter Lang, Frankfurt am Main, S. 43~44.

Kinegen-Grenier, Ch.(1992): *Berufschancen für Geisteswissenschaftler in der Wirtschaft*. In: Becker-Mrotzek M./Doppler, Ch.(Hrsg.): Medium Sprache im Beruf. Eine Aufgabe für die Linguistik. Gunter Narr Verlag, Tübingen, S. 53~67.

König, R.(1992): *Diskursethik und Unternehmenskultur —sind kritische Öffentlickeiten im Wirtschaftsbetrieb möglich*. In: Spillner, B.(Hrsg.). Wirtschaft und Sprache. Kongressbeiträge zur 22. Jahrestagung der Gesellschaft für Angewandte Linguistik. Forum Angewandte Linguistik, Bd. 23. Peter Lang, frankfurt am Main, S. 59~66.

Kremer, M.(1993): *Neue Wege der integrierten Kommunikation: das Beispiel*

3M. In: Bruhn, M./Dahlhoff, H.D.(Hrsg.): Effizientes Kommunikationsmanagement. Konzepte, Beispiele und Erfahrungen aus der integrierten Unternehmenskommunikation. Schäffer-Poeschel Verlag, Stuttgart, S. 99～111.

Lambertz, T.(1999): *Medium Sprache in der öffentlichen Verwaltung*. In: Becker-Mrotzek M./Doppler, Ch.(Hrsg.): Medium Sprache im Beruf. Eine Aufgabe für die Linguistik. Gunter Narr Verlag, Tübingen, S. 143～160.

Lenz, F.(1994): *Gesprächsorganisatorische Aspekte innerbetrieblicher Besprechungen*. In: Bungarten, Th.(Hrsg.): Kommunikationsprobleme in und von Unternehmen. Attikon-Verlag. Tostedt, S. 108～120.

Leister, K.(1991): *Sprache als strategisches Instrument von Unternehmensethik*. In: Linguistische Arbeiten. Akten des 25. Linguistischen Kolloquiums, Bd. 2. Innovation und Anwendung. Max Niemeyer Verlag, Tübingen, S. 403～409.

Lüschow, F.(1994): Die *"kooperative Krisenbesprechung" als Instrument im Krisenmanagement*. In: Bartsch, E. (Hrsg.): Sprechen, Führen, Kooperieren in Betrieb und Verwaltung. Reinbardt, München u. a., S. 110～121.

Macharzina, K.(1990): *Informationspolitlk. Unternehmenskommunikation als Instrument erfolgriecher Führung*. Gabler, Wiesbaden.

Meffert, H.(1971): *Systemtheorie aus betriebswirtschaftlicher Sicht*. In: Schenk, K.-E. (Hrsg.): Systemanalyse in den Wirtschafts- und Sozialwissenschaften. Berlin, S. 174～206.

Meisert, H.(1997): *Mitarbeiter besser informieren. Theorie und Praxis der Unternehmenspublizistik*. Institut für Medienentwicklung und Kommunikation GmbH, Frankfurt am Main.

Merten, K./Teipen, P.(1991): *Empirische Kommunikationsforschung. Darstellung, Kritik, Evaluation*. Verlag Ölschläger, München.

Meyer, A./Oppermann, K.(1998): *Bedeutung und Gestaltung des Internen Marketing.* In: Meyer, A.(Hrsg.): Handbuch Dienstleistungs-Marketing. Schäffer-Poeschel, Stuttgart, S. 991~1009.

Neuberger, O.(1999): *Mobbing. Übel mitspielen in Organisationen.* Reiner Hampp Verlag, München.

Nickl, M.(1988): *Angewandte Linguistik als kommunikationswissenschaftliche Disziplin.* In: Kühlwein, W. et al.(Hrsg.): Sprache und Individuum. Gunter Narr Verlag, Tübingen, S. 72~73.

Niederhauser, J.(1994): *Personalzeitung und Unternehmenskommunikation Zur innerbetrieblichen Kommunikation in einem nationalen Bahnunternehmen.* In: Bungarten, Th. (Hrsg.): Kommunikationsprobleme in und von Unternehmen. Attikon-Verlag, Tostedt, S. 120~140.

Niederhauser, J.(1999): *Kaum präsente Linguistik —Zur Behandlung von Sprachfragen und sprachbezogenen Themen in der Öffintlichkeit.* In: Becker-Mrotzek M./Doppler, Ch.(Hrsg.): Medium Sprache im Beruf. Eine Aufgabe für die Linguistik. Gunter Narr Verlag, Tübingen, S. 37~53.

Noack, C.(1991a): *Linguistik und technische Dokumentation.* In: Klein, E. et al.(Hrsg.): Betriebslinguistik und Linguistikbetrieb. Akten des 24. Linguistischen Kolloquiums, Bremen 1989. Max Niemeyer Verlag, Tübingen, S. 43f.

Noack, C.(1991b): *Technischer Redakteur: Ein neuer Beruf stellt sich vor.* In: Linguistische Arbeiten. Akten des 25. Linguistischen Kolloquiums. Bd. 2. Innovation und Anwendung. Max Niemeyer Verlag, Tübingen, S. 369~376.

Nowag, W.(1980): *Die Arbeitsmotivation von Führungskräften in der Wirtschaft.* Eine empirische Untersuchung. Dissertation des betriebswirtschaftlichen Instituts der Universität Stuttgart.

Pawlowsky-Flodell, C.(1993): *Die Mitarbeiterbefragung als Mittel zur Organisationskommunikation.* In: Bentele, G./Rühl, M.(Hrsg.): Theorien öffentlicher Kommunikation. Ölschläger, München.

Picot, A.(1975): *Zur Frage der Ableitung von empirisch überprüfbaren Aussagen aus systemtheoretischen Ansätzen der Organisationsforschung.* In: Jehle, E. (Hrsg.): Systemforschung in der Betriebswirtschaftslehre. Schäffer-Poeschel Verlag, Stuttgart, S. 87~106.

Pitzer, Jürgen(1993): *Mitarbeiterkommunikation —ein wichtiges Betriebsmittel.* In: bank und markt Nr. 8, S. 26~30.

Pogarell, R.(1988a): *Linguistik im Industriebetrieb. Eine annotierte Auswahlbibliographie.* Alano-Verlag, Aachen.

Pogarell, R.(1988b): *Arbeitsplätze für Linguisten in Industriebetrieben?* In: Wirkendes Wort 3(1988), S. 457~463.

Pogarell, R.(1988c): *Linguistische Fragestellungen in der betrieblichen Praxis.* In: Linguistik Parisette. Akten des 22. Linguistischen Kolloquiums. Max Niemeyer Verlag, Tübingen, S. 319~330.

Pogarell, R.(1989): *Optimierung industrieller Texte als linguistisches Arbeitsfeld.* In: Reiter, N.(Hrsg.) .Sprechen und Hören. Akten des 23. Linguistischen Kolloquiums, Berlin 1988. Max Niemeyer Verlag, Tübingen, S. 91~102.

Pogarell, R.(1991a): *Betriebsorientierte Akzentverschiebung in der Linguistenausbildung.* In: Klein, E. et al.(Hrsg.): Betriebslinguistik und Linguistikbetrieb. Akten des 24. Linguistischen Kolloquiums. Max Niemeyer Verlag, Tübingen, S. 21~28.

Pogarell, R.(1991b): *Podiumsdiskussion Wirtschaft und Linguistik im Dialog.* In: Klein, E. et al.(Hrst.): Betriebslinguistik und Linguistikbetrieb. Akten des 24. Linguistischen Kolloquiums. Max Niemeyer Verlag, Tübingen, S. 37∼38.

Regent, E.(1992): *Konflikte in Orgaisation. Formem, Funktion und Bewältigung.* Verlag für Angewandte Psychologie, Göttingen/Stuttgart.

Reimann, H.(1986, Hrsg.): *Kommunikations- und Imformationsverhalten in Großorganisationen.* Ergebnisse einer Erhebung bei oberen Führungskräften in einem Großbetrieb. Augsburger Beiträge aus Kommunikationswissenschaft und Soziologie, Augsburg.

Reimann, H. et al.(1987, Hrsg.): *Mitarbeiterbefragungen im Rahmen betrieblicher Personalpolitik.* Augsburger Beiträge aus Kommunikationswissenschaft und Soziologie, Augsburg.

Roinila, P.(1994): *Zur Problematik der interkulturellen Kommunikation am Beispiel von Betriebsbroschüren.* In: Bungarten, Th.(Hrsg.): Selbstdarstellung und Öffentlichkeitsarbeit, Eigenbild und Fremdbild von Unternehmen. Attikon Verlag, Tostedt, S. 91∼106.

Sager, S.(1991): *Dialoganalyse—ein Mittel zur Optimierung innerbetrieblicher Kommunikation.* In: Bungarten, Th.(Hrsg.): Konzepte zur Unternehmenskommuikation, Unternehmenskultur und Unternehmensidentität. Attikon Verlag, Tostedt, S.130∼132.

Sandig, B.(1983): *Analyse von Texten—Eine Bestandsaufnahme aus germanistischer Sicht.* In: Kühlwein, W.(Hrsg.): Texte in Sprachwissenschaft, Sprachunterricht und Sprachtherapie. Gunter Narr Verlag, Tübingen, S. 57∼58.

Schick, S.(1995): *Strukturierung und Gestaltung der Mitarbeiterkommunikation als Personalaufgabe.* In: Bruhn, M.(Hrsg.): Internes Maketing. Gabler, Wiesbaden, S. 453~471.

Schulz, R.(1995): *Das Zusammenspiel zwischen dem interen und exteren Maketing —am Beispiel von Henkel.* In: Bruhn, M.(Hrsg.): Internes Maketing. Gabler, Wiesbaden, S. 177~198.

Schüpbach, K./Torre, R.(1996): *Mobbing. Verstehen — Überwinden — Vermeiden.* Kaufmännischer Verband Zürich, Zürich.

Schwingel, U.(1991): *Linguistik und Wirtschaft aus Unternehmenssicht.* In: Klein, E. et al.(Hrsg.). Betrieblinguistik und Linguistikbetrieb. Akten des 24. Linguistischen Kolloquiums, Bremen 1989. Max Niemeyer Verlag, Tübingen, S. 45~46.

Scior, W.(1982): *Der Bedingungsrahmen für die unternehmensinterne Öffentlichkeitsarbeit.* In: Haedrich, G.(Hrsg.): Öffentlichkeitsarbeit. Dialog zwischen Instituitionen und Gesellschaft. Walter de Gruyter, Berlin/New York, S. 77~93.

Sieffert, P.(1991): *Stellung und Stellenwert des technischen Redakteurs im Unternehmen.* In: Bungarten, Th.(Hrsg.): Konzepte zur Unternehemskommunikation, Unternehmenskultur und Unternehmensidentität. Attikon Verlag, Tostedt, S. 145~148.

Spillner, B.(1992): *Angewandte Linguistik für Wirtschaft, Handel, Industrie.* In: Spillner, B.(Hrsg.): Wirtschaft und Sprache. Kongressbeiträge zur 22. Jahrestagung der Gesellschaft für Angewandte Linguistik. Forum Angewandte Linguistik, Bd. 23. Peter Lang, Frankfurt am Main, S. 11~14

Stauss, B.(1991): *Internes Maketing als peronalorientierte Qualitätspolitik.* In: Bruhn, M./ Stauss, B.(Hrsg.): Dienstleistungsqualität. Konzepte,

Methoden, Erfahrungen. Wiesbaden, S. 227~247.

Steigüber, B.(1991a): *Sprachmanagement*. In: Klein, E. et al.(Hrsg.): Betriebslinguistik und Linguistikbetrieb. Akten des 24. Liguistischen Kolloquiums, Bremen 1989. Max Niemeyer Verlag, Tübingen, S. 29~36.

Steigüber, B.(1991b): *Mit leisen Flüchen. Ihr Sachbearbeiter. In: Linguistische Arbeiten*. Akten des 25. Liguistischen Kolloquiums. Bd. 2. Innovation und Anwendung. Max Niemeyer Verlag. Tübingen, S. 361~368.

Theis, A. M.(1994): *Wieviel Kommunikation kann sich ein Unternehmen leisten, welche Kommunikation muss es sich leisten?* In: Bungarten. T.(Hrsg.) Kommunikationsprobleme in und von Unternehmen. Attikon, Tostedt, S. 140~155.

Thommen, A.(1981): *Innerbetriebliche Information. Kompendium der betrieblichen Kommunikation.* Haupt, Bern u. a.

Tjarks-Sobhani, M.(1991): *Informationstexte in der Industrie. Eine Aufgabe für Linguisten.* In: Klein, E. et al.(Hrsg.): Betrieslinguistik und Liguistikbetrieb. Akten des 24. Linguistischen Kolloquiums, Bremen 1989. Max Niemeyer Verlag., Tübingen, S. 47~50.

Tonnemacher, J.(1998): *Mitarbeiterkommunikation.* In: Merten, K./ Zimmermann, R. (Hrsg.) Handbuch der Unternehmenkommunikation. Luchterhand, Neuwied u. a, S. 99~105.

Tonnemacher, J./Neuberger, Ch.(1998): *Audimobil — Fortschritt durch Information. Eine Untersuchung zu Inhalt, Nutzung und Beurteilung der Mitarbeiterzeitschrift der Audi AG.* In: Merten, K./ Zimmermann, R.(Hrsg.): Handbuch der Unternehmenkommuni- kation. Luchterhand, Neuwied u. a., S. 336~345.

Uhl, O. W.(1995): *Prozesse und Maßnahmen des Übergangs vom internen zum externen Marketing — ein Fallbeispiel des 3M Deutschland.* In: Bruhn, M. (Hrsg.): Internes Marketing. Gabler, Wiesbaden, S. 199 ~ 220.

Ulsamer, L.(1991): *Sprachlos? Information im Unternehmen.* In: Information Nr. 89. S. 35 ~ 45.

Van Deth, J.-p.(1992): *Sprachausbildung und Personalverwaltung.* In: Spillner, B.(Hrsg.): Wirtschaft und Sprache. Kongressbeiträge zur 22. Jahrestagung der Gesellschaft für Angewandte Linguistik. Forum Angewandte Linguistik, Bd. 23. Peter Lang, Frankfurt am Main, S. 15 ~ 24.

Wahren, H.-K.(1987): *Zwischenmenschliche Kommunikation und Interaktion in Unternehmen. Grundlagen, Probleme und Ansätze zur Lösung.* Walter de Gruyter, Berlin u. a.

Wever, U.(1994): *Unternehmenskommunikation in der Praxis.* In: Bartsch, E.(Hrsg.): Sprechen, Führen, Kooperieren in Betieb und Verwaltung. Reinhardt, München u. a., S. 47 ~ 49.

Wolf, G.(1992): *Kommunikation im Unternehemn. Gesprächstyp Audit.* In: Bartsch, E. (Hrsg): Wirtschaft und Sprache. Kongressbeiträge zur 22. Jahrestagung der Gesellschaft für Angewandte Linguistik. Forum Angewandte Linguistik, Bd. 23. Peter Lang, Frankfurt am Main, S. 45 ~ 50.

Wollert, A.(1995): *Unternehmenskommunikation in Krisenzeiten — der Beitrag des Internen Marketing für Veränderungsprozesse — am Fallbeispiel von Hertie.* In: Bruhn, M.(Hrsg.): Internes Marketing. Gabler, Wiesbaden, S. 527 ~ 544.

Woudstra, E./Gemert, L. v.(1991): *Inhalt eines internen Kommuni-*

kationsgesamtplanes. In: Bungarten, Th.(Hrsg.): Konzepte zur Unternehmenskommunikation, Unternehmenskultur und Unternehmensidentität. Attikon-Verlag, Tostedt, S. 174~178.

2. 신문 기사와 잡지 기사

Cash(23/1997:): Abstiegsrunde bei der UBS. Beim UBS-Personal sorgen die Mitarbeiterverträge für neuen Ärger.

Cash(24/1999:1ff.): Mobbing kostet uns jährlich 4 Milliarden. Fusionen und Umstrukturierungen verschlechtern das Betriebsklima und senken die Arbeitsmoral.

Cash(24/1999:1ff.): Stressquelle Nummer 1: Der Arbeitsplatz. Die permanenten Restrukturierungen stressen die Arbeitnehmer in einem nie gekannten Ausmaß.

Facts(37/1997:76ff.): Es gibt nur einen Weg: gnadenlose Offenheit. Der deutsche Unternehmensberater Roland Berger kommt in die Schweiz.

Facts(15/1998:74ff.): Zur Strecke gebracht. In den Management-Etagen der Konzerne verbreiten sich Neid und Angst.

Facts(22/1998:74ff.): Glückliche Zwangsehe. Die Zusammenführung von CS und Winterthur kommt wider Erwarten gut voran—dank dem Generationenwechsel an der Konzernspitze.

HandelsZeitung(26/1998:5): Das blüht den Bankgesellen. Fusionen - Ende Juni erfolgt der offizielle Schulterschluss von UBS und Bankverein.

HandelsZeitung(38/1998:7): Big Bang fürs Personal. UBS - Die Fusion

hat die Mitarbeiter stark belastet.

Harvard Manager(4/1990:86ff.): Zwischen Fakt und Fiktion－der
schwierige Beruf Manager.

Marketing & Kommunikation(9/1997:40f.): Unternehmensmedien im
Aufwind. Corporate Publishing hat in den letzten Jahren auch in
der Schweiz einen größeren Stellenwert erhalten.

Marketing & Kommunikation(10/1997:43f.): Swisscoms interner Change.
Telecom PTT haben die Wichtigkeit erkannt, sich im Zeichen
des Wandels zur Swisscom auch um die Ängste unk Sorgen der
eigenen Leute zu kümmern.

Marketing & Kommunikation(5/1997:20f.): Stiefkind der Kommunika-
tion. Interne Kommunikation wird von Kommunikations-
verantwortlichen positiv beurteilt, steckt aber in der praktischen
Umsetzung größtenteils noch in den Kinderschuhen.

Neue Zürcher Zeitung(29.5.90:83): Führung im mittleren Unternehmen.
Betonung von Gespräch und Information.

Neue Zürcher Zeitung(28.5.91:77): Führung bedeutet umfassendes
Kommunkationsmanagement.

Neue Zürcher Zeitung(3.12.91:36): Besonderheiten der Kommunikation
in Krisensituationen.

Neue Zürcher Zeitung(3.12.91:29f.): Die Angst des Managers vor dem
Dialog. Innerbetriebliche Kommunikation als strategischer
Erfolgsfaktor.

Neue Zürcher Zeitung(17.6.92:37f.): Sprachwissenschaft und Wirtschaft.
Verständigungsprobleme zwischen den Kulturen.

SonntagsZeitung(23.11.97:84): Die totale Offenhiet auf vier Kanälen.
Alcatel-Schweiz Bereichsleiter Jens Alder setzt auf umfassende

Information, flache Strukturen und wenig Chefs.

SonntagsZeitung(4.10.98:97): Damit kommt die Wahrheit auf den Tisch. Tom Voltz über die Vorteile der Vorgesetztenbeurteilung.

SonntagsZeitung(24.1.99:71): Die Stimmung bei der Swisscom ist gedrückt. Die Beschäftigten stellen den Kadern in einer internen Umfrage ein schlechtes Zeugnis aus.

SonntagsZeitung(25.7.99:53ff.): Jetzt wollen alle eine Tschanz. Seit dem Swissair-Unglück von Halifax sind Frauen in der PR-Branche begehrt wie noch nie.

SonntagsZeitung(19.9.99:81): Reden ist Gold. Da hilft kein hoch bezahlter Profi: Wenn der Chef nicht gut kommuniziert, hat seine Firma ein Problem.

SonntagsZeitung(19.9.99:83): Für hängende Seelen wird gesorgt. Der Chemiemulti Novartis betritt Neuland: Ein Pfarrer kümmert sich um die Probleme der Mitarbeiter.

SonntagsZeitung(5.12.99:79): Die Wut auf die Patrons steigt. Novartis, Swiss Dairy Food, Adtranz, Bally: Der Abbau an Arbeitsplätzen erschüttert das Vertrauen in die Wirtschaft.

SonntagsZeitung(19.12.99:77): Verlorene Substanz. Swisscom-Chef Tony Ries hat für den Rücktritt den richtigen Zeitpunkt erwischt.

Süddeutsche Zeitung(24.8.91:65f): Von Graf Bobby und Aristoteles lernen. Paul Watzlawicks Empfehlung bei Kommunikationsproblemen im Unternehmen.

Werbewoche(20/1998:16ff.): Medienkongerenz für die Mitarbeiter. Die SAirGroup will mit Corporate TV ihre Mitarbeiter als Publikum ernst nehmen.

3. 사전류와 학습서

Abraham, W.(1988): *Terminologie zur neueren Linguistik*. 2., v. n. bearb. u. erw. Aufl. Max Niemeyer Verlag, Tübingen.

Althaus, H.P. et al.(1980, Hrsg.): *LGL. Lexikon der Germanistischen Linguistik*. Max Niemeyer Verlag, Tübingen.

Ammon, U. et al.(1987, Hrsg.): *Soziolinguistik. Ein internationales Handbuch zur Wissenschaft von Sprache und Gesellschaft*. Erster Halbband. Walter de Gruyter, Berlin.

Atteslander, P.(1995): *Methoden der empirischen Sozialforschung*. 8., bearb. Aufl. Walter de Gruyter, Berlin.

Becherath, P. et al.(1981): *Handwörterbuch der Betriebspsychologie und Betriebssoziologie*. Ferdinand Enke Verlag, Stuttgart.

Borowsky, R./Moosmann, R.(1990): *Kleiner Merkur, Bd. 2(Betriebswirtschaft)*. Schulthess Polygraphischer Verlag, Zürich.

Bortz, J.(1984): *Lehrbuch der empirischen Forschung für Sozialwissenschaftler*. Springer Verlag, Berlin u.a.

Brinker, K.(1997): *Linguistische Textanalyse. Eine Einführung in Grundbegriffe und Methoden*. 4., durchges. u. erg. Aufl. Erich Schmidt, Berlin.

Bussmann, H.(1983): *Lexikon der Sprachwissenschaft*. 2., v. n. bearb. Aufl. Kröner Verlag. Stuttgart.

Dichtl, E./Issig, O.(1987, Hrsg.): *Vahlens Großes Wirtschaftslexikon* Bd. 1 und 2. Verlag Beck/Vahlen, München.

Diederich, H.(1992): *Allgemeine Betriebswirtschaftslehre*. 7., überarb. Aufl. Kohlhammer. Stuttgart u.a.

Frese, E.(1992): *Handwörterbuch der Organisation*. 3., v. n. gest. Aufl.

Schäffer-Poeschel, Stuttgart.

Gabler Wirtschafts-Lexikon(1988): 12., vollst. n. bearb. u. erw. Aufl. Bd. 1 und 2. Gabler, Wiesbaden.

Glück, H.(1993, Hrsg.): *Metzler Lexikon Sprache.* Verlag J.B. Metzler, Stuttgart u.a.

Greyerz, O. v./Bietenhard, R.(1981): *Berndeutsches Wörterbuch.* 2., überarb. u. erw. Aufl. Francke Verlag, Bern.

Korndörfer, W.(1995): *Unternehmensführungslehre. Einführung, Entscheidungslogik, soziale Komponenten.* 8., überarb. Aufl. Gabler, Wiesbaden.

Krieger, D. J.(1996): *Einführung in die allgemeine Systemtheorie.* Wilhelm Fink Verlag, München.

Kromrey, H.(1998): *Empirische Sozialforschung. Modelle und Methoden der Datenerhebung und Datenauswertung.* 8., überarb. u. erw. Aufl. Leske Verlag, Opladen.

Lewandowski, Th.(1994): *Linguistisches Wörterbuch.* 6. Aufl. Quelle und Meyer Verlag, Heidelberg u.a.

Noelle-Neumann, E.(1993, Hrsg.): *Publizistik. Massenkommunikation.* Fischer Taschenbuch Verlag, Frankfurt am Main.

Pflaum, D./Pieper, W.(1993, Hrsg.): *Lexikon der Public Relations.* Verlag Moderne Industrie, Landsberg/Lech.

Potzer, K./Normann, R. v.(1985): *Das treffende Zitat. Gedankengut aus drei Jahrtausenden und fünf Kontinenten.* Ott Verlag, Thun.

Rühli, E.(1996): *Unternehmungsführung und Unternehmeungspolitik.* Paul Haupt Verlag, Bern u.a.

Schlobinski, P.(1996): *Empirische Sprachwissenschaft.* Westdeutscher Verlag, Opladen.

Schnell, R. et al.(1995): *Methoden der empirischen Sozialforschung.* 5., v. überarb. u. erw. Aufl. Oldenbourg, München.

Stalder, F. J.(1994): *Schweizerisches Idiotikon.* Sauerländer, Aarau u.a.

Strauss, A. L.(1994): *Grundlagen qualitaiver Sozialforschung.* Wilhelm Fink Verlag, München.

Tietz, B. et al.(1995): *Handwörterbuch der Marketing.* 2., vollst. überarb. Aufl. Schäffer-Poeschel Verlag, Stuttgart.

Wittman, W. et al.(1993, Hrsg.): *Handwörterbuch der Betriebswirtschaft.* 5. Aufl., Bd. 2 und 3. Schäffer-Poeschel Verlag, Stuttgart.

저자 소개

저자 **필립 마이어(Philip Meier)**는 스위스 취리히대학교에서 독어독문학과 역사학을 공부했고 "기업 내부 커뮤니케이션"으로 박사학위를 받았다. 기업의 커뮤니케이션 구조와 과정을 연구하고 있으며 스위스에 본사를 두고 국제적으로 활동하고 있는 기업인 ESEC의 기업 커뮤니케이션과 투자자관리(Investor Relations)를 책임지고 있다.

역자 소개

옮긴이 **진정근**은 대전에서 태어나서 단국대학교 독어독문학과와 동 대학원을 졸업하고 독일 뮌스터대학교에서 언어학으로 박사학위를 받았다. 단국대, 상명대, 감신대에서 강의하고 있다. 주요 연구 및 관심 분야는 화용론, 텍스트언어학, 대화언어학, 기업 커뮤니케이션 등이다. 앞으로는 특히 기업커뮤니케이션과 조직 커뮤니케이션 분야에 연구를 집중할 계획이다.

기업 내부 커뮤니케이션

인 쇄 2003년 05월 14일
발 행 2003년 05월 21일
저 자 필립 마이어   역 자 진정근
발행인 이대현
편 집 이은희 · 안현진 · 조유미 · 박진희
펴낸곳 도서출판 **역락** / 서울 성동구 성수2가 3동 301-80
　　　　(주)지시코 별관 3층(우-133-835)
Tel 대표 · 영업 3409-2058 편집부 3409-2060 FAX 3409-2059
E-mail yk3888@kornet.net / youkrack@hanmail.net
등 록 1999년 4월 19일 제2-2803호

정가 9,000
ISBN 89-5556-219-5-93750

*잘못된 책은 교환해 드립니다.